RHEINGAU
NATUR UND KULTUR IN WEINGESCHMÜCKTEN WEITEN

DER RHEINGAU IM ÜBERBLICK

WER / WO / WAS

Rheingau-Taunus Kultur und Tourismus GmbH

Pfortenhaus Kloster Eberbach
65346 Eltville am Rhein
Tel. 06723 99550

www.kulturland-rheingau.de

RHEINGAU 5

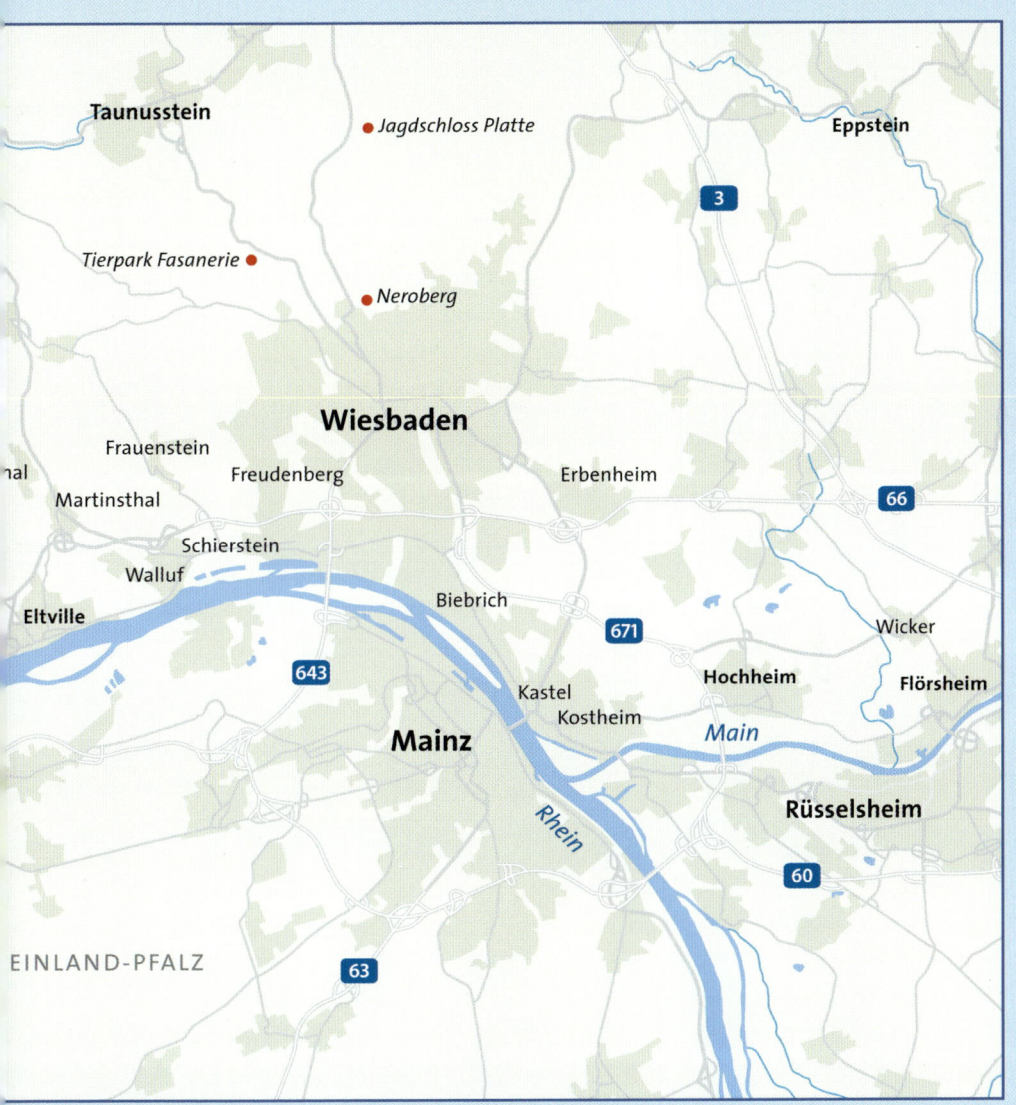

Die Angaben und Informationen in diesem Reiseführer sind aktuell recherchiert und vor Drucklegung sorgfältig überprüft worden. Trotzdem ist darauf hinzuweisen, dass sich Telefonnummern, Öffnungszeiten und andere Angaben im Lauf der Zeit ändern können.

Abbildungen auf dem Cover: Kurfürstliche Burg Eltville, unten von links: Burg Ehrenfels, Niederwalddenkmal, Weinköniginnen
Rainer Coldewe S. 12, 58 o., 116, 119 u., 123 o., 124 o., 127 · Ebentaler Hof 121 u. · Alfred Ernst/Rheingau-Taunus 131 l. · Freistaat Flaschenhals Initiative (FFI) 128, 129 o. · Hermann Heibel/Hess. Landtag, Kanzlei 38 · Henkell & Co. Sektkellerei, Wiesbaden 45 · Dirk Klinner 135 l. · Kronenschlösschen Hattenheim 61 · Kulturland Rheingau 2/3 (Lorch), 54 o., 66 · Alexander Mast/frauen museum wiesbaden 40 · mattiaqua, Wiesbaden 32 u. · Primus-Linie, Frankfurt am Main 11 · Rheingau Gourmet Festival 130 · Rheingau Musik Festival Konzert GmbH, 133 u. (Heike Rost), 134 u. (Helmut R. Schulze) · Rheingauer Weinbauverband e. V. und Rheingauer Weinwerbung GmbH 21 o. · Rüdesheim Tourist AG 109 (Elke Scholl), 113 (Marlis Steinmetz) · Spielbank Wiesbaden GmbH & Co. KG 31 · Stadt Eltville 132 r. · Stiftung Kloster Eberbach 68 u. · Jacques Toffi/Wiesbadener Reit- und Fahr-Club e. V. 132 l. · Wein.Erlebnis.Welt Weingut Fritz Allendorf, Oestrich-Winkel 80 · Weingut Friederich Altenkirch, Lorch 125 · Wiesbaden Marketing GmbH 133 l. · Weihnachtsmarkt der Nationen 136 r. · Oliver Abels (SBT) 52 · Eberhard Urban alle anderen
Karte: iGrafik | Holger Bennewitz | Stefan Wolff | Bonn/Frankfurt

Ein Gesamtverzeichnis der lieferbaren Titel schicken wir Ihnen gerne zu. Bitte senden Sie eine E-Mail mit Ihrer Adresse an: **vertrieb@koehler-books.de** Sie finden uns auch im Internet unter: **www.koehler-books.de**

Bibliografische Information der Deutschen Nationalbibliothek
Die Deutsche Nationalbibliothek verzeichnet diese Publikation in der Deutschen Nationalbibliografie; detaillierte bibliografische Daten sind im Internet über **http://dnb.d-nb.de** abrufbar.

ISBN 978-3-7822-1216-8 · Koehlers Verlagsgesellschaft, Hamburg
© 2015 by Maximilian Verlag, Hamburg · Ein Unternehmen der Tamm Media
Alle Rechte vorbehalten

Layout: Fred Münzmaier · Druck und Bindung: DZS Grafik, Slowenien

INHALT

VORWORT	8
WEGE IN DEN RHEINGAU	10
WEGE DURCH DEN RHEINGAU	12
DAS GROSSE WEINVERGNÜGEN	16
VON FLÖRSHEIM-WICKER NACH KOSTHEIM	19
DIE WEIN- UND SEKTSTADT HOCHHEIM AM MAIN	22
REGIONALPARK RHEINMAIN	25
LANDESHAUPTSTADT WIESBADEN	29
ELTVILLE MIT MARTINSTHAL, RAUENTHAL, ERBACH UND HATTENHEIM	53
DAS GOTISCHE WEINDORF KIEDRICH	62
KLOSTER EBERBACH UND STEINBERG	66
OESTRICH-WINKEL MIT HALLGARTEN	72
SCHLOSS VOLLRADS	83
SCHLOSS JOHANNISBERG	87
GEISENHEIM MIT MARIENTHAL	94
EIBINGEN	100
RÜDESHEIM	107
ASSMANNSHAUSEN MIT AULHAUSEN	116
LORCH MIT LORCHHAUSEN	122
FESTE FEIERN IM RHEINGAU	130

VORWORT

Die liebliche Landschaft des Rheingaus birgt zahlreiche romantische Winkel in den heimeligen Orten in den Weinbergen über dem Fluss und in den gemütlichen Städten am Strom. Dank des Weins, der den Menschen hier seit jeher Wohlstand beschert und dessen Genuss die Sinne heiter stimmt, florieren alle Künste vortrefflich.

Der Rheingau erstreckt sich von Flörsheim-Wicker im Osten bis nach Lorch und Lorchhausen im Westen, das entspricht einer Ausdehnung von etwa 45 Kilometern. Oberer Rheingau heißt die Gegend zwischen Wicker und Kostheim hoch über dem Main; Flörsheim-Wicker ist das Tor zum Rheingau. Über Hochheim und Mainz-Kostheim, heute ein Stadtteil von Wiesbaden, wird auf den Rheingauer Riesling Routen diese Stadt, die Hauptstadt des Landes Hessen, erreicht. Ab Kostheim, das an der Mündung des Mains in den Rhein liegt, fließt der Rhein nach Westen, und der Rheingau am rechten Ufer bietet sich den Strahlen der Sonne dar.

Nach Wiesbaden und seinem westlichen Stadtteil Frauenstein mit den Weinbergen kommt das Weindorf Walluf; von hier geht es hinauf in die Weinorte Martinsthal und Rauenthal. Am Rheinufer liegt nun Eltville mit Erbach. In den Bergen des Rheingau-Gebirges, Teil des Taunus, ist das gotische Weindorf Kiedrich mit dem Weinberg der Ehe gelegen. Zwischen Hattenheim und Oestrich führt der Weg nach oben nach Hallgarten. Von Erbach oder Hattenheim ist das berühmte Kloster Eberbach zu erreichen. Direkt am Rhein liegt die dreifache Stadt Oestrich-Winkel, in der Mitte

Mittelheim mit seiner Basilika. Winkel mit dem Brentanohaus ist ein Ursprungsort der deutschen Romantik.

Oben in den Weinbergen, zwischen Winkel und Geisenheim führt der Weg hinauf, liegt das berühmte Schloss Johannisberg. In Geisenheim streckt der Rheingauer Dom seine Türme in den Himmel. Vor Rüdesheim in seinem Stadtteil Eibingen steht die Wallfahrtskirche für die heilige Hildegard von Bingen; oberhalb des Ortes erhebt sich die Abtei St. Hildegard.

Der touristische Mittelpunkt des Rheingaus ist Rüdesheim mit der Drosselgasse und dem monumentalen Niederwalddenkmal. Zwischen Rüdesheim und seinem Stadtteil Assmannshausen ändert der Fluss die Richtung und strömt nun Richtung Nordwest. Ist der Rheingau in der Regel mit Rieslingreben bepflanzt, so gedeiht an den Hängen der Rotweinstadt Assmannshausen der himmlische Spätburgunder auf dem Höllenberg.

Etwa neun Kilometer von Assmannshausen entfernt der nächste Ort: Lorch mit seinem Stadtteil Lorchhausen. Hier endet der Rheingau, der wegen seiner schönen Landschaft, seinen zahlreichen Sehenswürdigkeiten, seiner Geschichte und Geschichten, nicht zuletzt wegen des Weins immer wieder zu einem Ausflug oder einem Aufenthalt einlädt.

Diesen Einladungen sind wir, die Autoren dieses Reiseführers, gerne gefolgt. Und wir bedanken uns bei allen, die uns mit Rat und Tat geholfen haben, dieses Buch für Sie zu erstellen.

Kristiane Müller-Urban, Eberhard Urban

WEGE IN DEN RHEINGAU
MIT AUTO, BAHN UND SCHIFF

MIT DEM AUTO
ist das Rhein-Main-Gebiet mitten in Deutschland von überall her schnell zu erreichen. Am Frankfurter Kreuz treffen sich Autobahnen aus allen Himmelsrichtungen. Von der A3 geht es beim Wiesbadener Kreuz auf der A66 Richtung Wiesbaden; hier schon beginnt der Obere Rheingau mit Wicker, Flörsheim, Hochheim, Kostheim. Durch Wiesbaden hindurch ist die Fortsetzung der A66 die B42, die zum großen Teil identisch ist mit der Riesling Route und am Rhein alle Orte am Flussufer verbindet. Von Süden kommen die A63 bis Mainz, eine Brücke führt hier nach Wiesbaden, und die A61 bis Bingen, von wo eine Fähre nach Rüdesheim übersetzt.

DIE RHEINGAULINIE
bietet eine bequeme Art, in den Rheingau zu fahren, der Stadtexpress SE10, die RheingauLinie, die Frankfurt mit Koblenz und Neuwied verbindet. Im Rheingau halten die Züge, die kostenlos Fahrräder mitnehmen, in Mainz-Kastel, das zu Wiesbaden gehört, in Wiesbaden,

WER / WO / WAS
||||||||||||||||||||||||||||||||||||||||||||||||||||||||||

RMV Rhein-Main-Verkehrsverbund GmbH

Praktisch ist das Handyticket, Infos:
www.rmv.de/de/Fahrkarten/Fahrkarten_kaufen/RMV-Handyticket

RMV-Service-Tel. 01801 7684636

www.rmv.de

Wiesbaden-Biebrich, Wiesbaden Hbf, Wiesbaden-Schierstein, Niederwalluf, Eltville, Erbach, Hattenheim, Oestrich-Winkel, Geisenheim, Rüdesheim, Assmannshausen, Lorch, Lorchhausen.

DIE PRIMUS-LINIE

gibt die Möglichkeit auf schöne Art in den Rheingau zu reisen. Am Eisernen Steg, der Fußgängerbrücke über den Main von Frankfurt zum Stadtteil Sachsenhausen, ist der Liegeplatz der Flotte der weißen Ausflugsschiffe. Von hier führt die Fahrt in den Rheingau, angelegt wird in Frankfurt-Höchst, Kelsterbach, Rüsselsheim, Mainz, Wiesbaden-Biebrich, Eltville und Rüdesheim. Hier kann auf ein Partnerschiff einer anderen Reederei umgestiegen und die Fahrt an der Loreley vorbei bis St. Goarshausen fortgesetzt werden. Die Rückfahrt kann mit dem Zug der RheingauLinie erfolgen. Den Fahrplan und die Kosten für die ganze Tour teilt die Primus-Linie gern mit.
www.primus-linie.de

WEGE DURCH DEN RHEINGAU
ZU LAND, AUF DEM WASSER, IN DER LUFT

DIE RHEINGAUER RIESLING ROUTEN
sind gekennzeichnet mit dem Rieslingpokal auf grünem Grund. Die Riesling Route für Autofahrer ist 70 Kilometer lang, führt nicht nur am Rhein entlang, Abstecher und Alternativstrecken bringen die Ausflügler durch Weinberge und Wälder zu ihren Zielen. Der Riesling Radwanderweg ist 62 Kilometer lang, führt auch auf mancher Teilstrecke bergauf und bergab. Der Rheingauer Rieslingpfad für Wanderer ist 120 Kilometer lang und kann in vielen Teilstrecken ergangen werden. Die Züge der RheingauLinie und die RTV-Busse befördern die Wanderer hin oder zurück oder auf einer Teilstrecke.

DER RHEINSTEIG
ist der 320 Kilometer lange, anspruchsvolle Wanderweg, der von Wiesbaden nach Bonn führt. Verbindungswege gehen ins Tal und geben die Möglichkeit, mit Zug oder Schiff weiter- oder zurückzufahren. Zum Teil ist der Rheinsteig identisch mit dem Rheinhöhenweg.

DER REGIONALPARK-LEINPFAD

ist die Empfehlung für die, die die Höhen der Berge scheuen oder mit Kindern unterwegs sind; auf dem Weg am Ufer, auf dem vor der Zeit der Dampfschiffe Pferde die Schiffe an Leinen flussaufwärts schleppten, lässt es sich bequem wandern oder radeln. Der Weg ist die Tour 25 des Rad- und Wanderführers Regionalpark RheinMain. Die Tour ist 38 Kilometer lang, beginnt am Bahnhof Wiesbaden-Mainz-Kastel, führt fast immer am Ufer entlang bis nach Rüdesheim, von wo die Rückfahrt mit dem Zug der RheingauLinie erfolgt.

DIE BONIFATIUS-ROUTE

verläuft zum Teil durch den Rheingau. Der Wander- und Pilgerweg beginnt in Mainz, überquert bei Kastel den Rhein, führt über Hochheim und durch den Regionalpark RheinMain an Frankfurt vorbei und erreicht nach insgesamt 180 Kilometern Fulda, wo Bonifatius begraben liegt. Der abwechslungsreiche Weg folgt dem Leichenzug des heiligen Bonifatius im Jahr 754.

Auch Teilstrecken des Jakobswegs führen durch den Rheingau.

Zudem hat jeder Ort seine eigenen Spazier- und Wanderwege, die manchmal auf den Strecken der großen Wege verlaufen.

Die RTV-Busse schaffen bequeme Verbindungen im Rheingau. Einige der Buslinien seien erwähnt. 170 Eltville/Rauenthal – Walluf – Wiesbaden. 171 Lorchhausen – Rüdesheim – Geisenheim – Eltville – Wiesbaden. 172 Kloster Eberbach – Kiedrich – Eltville. 181 Hallgarten – Hattenheim – Oestrich – Winkel – Johannisberg – Marienthal – Geisenheim. 187 Assmannshausen – Aulhausen – Windeck – Rüdesheim.

DIE RHEINSCHIFFFAHRT

gibt das Vergnügen, den Rheingau auf dem Fluss zu erleben, vielleicht weiterzufahren zur Loreley, dabei gut zu speisen und Rheingauer Wein zu genießen. Das älteste Schiff auf dem Rhein, Baujahr 1913, ist der Komfort-Raddampfer GOETHE von der KD. Die Rhein-Reedereien bieten eine Vielzahl von Ausflugsfahrten an.

WER / WO / WAS

RTV Rheingau-Taunus-Verkehrsgesellschaft mbH
RTV-Service-Tel. 01801 7684636

WER / WO / WAS

KD Köln-Düsseldorfer Rheinschifffahrt AG

www.k-d.com

Bingen-Rüdesheimer Fähr- und Schifffahrtsgesellschaft eG

www.bingen-ruedesheimer.de

Rössler Linie GmbH & Co. KG Fahrgastschifffahrt

www.roesslerlinie.de

TANTE ANNA

heißt der größte einmotorige Doppeldecker der Welt, die Antonow An-2, konstruiert von Oleg Konstantinowitsch Antonow. Mit 180 km/h Reisegeschwindigkeit und in geringer Höhe wird jeder Flug zum großen Erlebnis. Von Mainz-Finthen starten die Flüge über das Rheintal und die Rheinburgen.

HELIKOPTERFLÜGE

über den Rheingau und die Burgen am Mittelrhein beginnen auf dem Ebentaler Hof bei Rüdesheim-Aulhausen (siehe auch Seite 121).

WER / WO / WAS
||||||||||||||||||||||||||||||||||||||||||||||||
Classic Wings Rhein-Main
www.classicwings-rheinmain.de
Helikopterflüge
www.rhein-heli.de

DAS GROSSE WEINVERGNÜGEN
RIESLING UND SPÄTBURGUNDER

KARL DER GROSSE
weilte um das Jahr 800 in seiner linksrheinischen Pfalz Ingelheim. Es herrschte tiefer Winter. Der Kaiser sah über den Fluss hinüber und war voller Staunen. Die Sonne hatte die nach Süden geneigten Hänge mit ihren warmen Strahlen umschmeichelt, der Schnee war geschmolzen. Ei, dachte da der Kaiser bei sich, wie wunderbar würde dort die Rebe des Weins gedeihen. Als endlich die Wege und Straßen vom Eise befreit waren, sandte der Kaiser Reitknechte nach Orleans, um von dort Setzreben zu holen. Nach geraumer Zeit kehrten die Reiter an den kaiserlichen Hof zurück. Der Rüdesheimer Berg war inzwischen gerodet worden. Die Reben wurden gepflanzt, gediehen vorzüglich und als drei und ein halbes Jahr vergangen waren, konnte der Kaiser den ersten Rüdesheimer Wein verkosten, der ihm und seinen Gästen köstlich mundete. Der letzte Orleans-Wein wurde 1921 in Rüdesheim gekeltert.

Maßgeblich an der Weinkultur waren die Klöster beteiligt. Die Gläubigen benötigten den Messwein als Kultgetränk, und der Wein war ein wichtiges Handelsgut der klösterlichen Betriebe.

STRAUSSWIRTSCHAFTEN
sind am grünen Kranz oder Strauß zu erkennen. Hier schenken die Winzer ihre eigenen Weine aus, zudem tischen sie kleine Köstlichkeiten als Speisen auf.

WEINPROBIERSTÄNDE
gibt es in jedem Weinort. Sie sind nicht immer geöffnet. Der Ausschank der Weine erfolgt durch wechselnde Winzerbetriebe.

DAS GROSSE WEINVERGNÜGEN   17

WEINFESTE

werden in jedem Rheingauer Ort gefeiert. Ihre Majestäten – die huldvollen Weinköniginnen und entzückenden Weinprinzessinnen, die national und international mit ihrem Charme und ihrer Schönheit die Weinkultur repräsentieren – feiern mit dem weinseligen Volk.

Und welche Weine werden kredenzt, probiert, gefeiert?

DER RIESLING

ist vorherrschend im Rheingau. Der Riesling ist eine anspruchsvolle, edle Weißwein-Rebsorte, aus deren Trauben spritzige Weine mit feiner Säure gekeltert werden.
Wenn der frisch gekelterte Traubenmost noch traubensüß ist, und wenn er im folgenden Gärungsprozess prickelt und perlt, heißt dieser frische, unfertige Wein „Federweißer". Die rote Entsprechung wird gern „Roter Rauscher" genannt.
Ein einfacher Wein wird als Landwein bezeichnet. Beim Qualitätswein bestimmter Anbaugebiete

(Q. b. A.) müssen mindestens 85 Prozent der Trauben aus dem Anbaugebiet stammen. Beim Qualitätswein mit Prädikat müssen mindestens 85 Prozent in einer Einzellage gewachsen sein, der Rest muss aus dem Anbaugebiet stammen.

Die vollmundigen Spätleseweine gibt es seit 1775, als der Kurier von Johannisberg zu spät mit der Genehmigung zur Weinlese aus Fulda zurückkam (siehe Seite 87). Beeren- und Trockenbeerenauslese-Weine sind Kostbarkeiten, gekeltert aus geschrumpften, edelfaulen Trauben. Wenn der Frost von mindestens minus sieben Grad die vollreifen Trauben gefrieren lässt, kann Eiswein gekeltert werden.

DER SPÄTBURGUNDER

(Pinot noir) ist eine Rotweinrebe mit schwarzblauen Beeren, aus denen helle bis dunkle Weine entstehen, die einen fruchtig-samtigen Charakter besitzen. Im Rheingau liefert unter anderem der Höllenberg einen himmlischen Rotwein.

DER SEKT

wird auch als Schaumwein bezeichnet. Der Kohlendioxidgehalt des Sekts lässt beim Öffnen der Flasche das Getränk schäumen. Der Kohlensäuregehalt entsteht durch die zweite Gärung des Weins mit Zusatz von Zucker und Hefen. Mit mindestens 85 Prozent Riesling bereiteter Sekt heißt Rieslingsekt.

DER TRESTER

ist eine Kurzbezeichnung für einen Branntwein aus Trester, den festen Rückständen, die beim Keltern, dem Auspressen der Trauben, zurückbleiben. Der Tresterbrand entspricht dem italienischen Grappa.

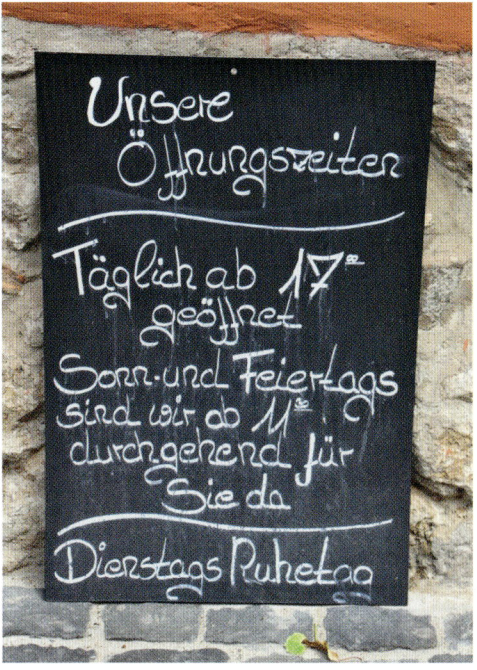

VON FLÖRSHEIM-WICKER NACH KOSTHEIM

DER OBERE RHEINGAU

Der ursprünglich fränkische Rheingau, zunächst von den Rheingrafen regiert, reichte weit über das heutige Gebiet hinaus. Von 983 bis 1803 gehörte der Rheingau zum Erzstift Mainz, der Mainzer Erzbischof war zugleich auch Kurfürst. 1803 erhielten die deutschen Fürsten im Reichsdeputationshauptschluss als Entschädigung für die Verluste linksrheinischer Gebiete, die an Frankreich gingen, nach Aufhebung der geistlichen Fürstentümer diese als Eigentum. Der Rheingau kam zu Nassau, nach dem Deutschen Krieg von 1866 wurde er preußisch und 1945 ein Teil des neugebildeten Landes Hessen..

FLÖRSHEIM-WICKER

ist Teil von Flörsheim, das Weindorf gilt als östliches Tor zum Rheingau. Das wird symbolisiert durch einen Sandsteinbogen zum Platz mit dem Weinprobierstand. Auf dem Platz sprudelt ein Brunnen mit einer Säule, die das Bild des heiligen Urban trägt. Dieser Heilige ist auf vielen Darstellungen im Rheingau zu sehen. Er war im vierten Jahrhundert Bischof in Langres. Als er von seinen Feinden verfolgt wurde, versteckte er sich hinter einem Weinstock. Aus Dankbarkeit schützt er den Wein und die Winzer. Der Gedenktag für den Weinheiligen, der sich auch ums Wetter kümmert, ist der 25. Mai. Ein Spruch besagt: „Ist Sonnenschein am Urbanstag / gedeiht der Wein nach alter Sag."

Wenige Schritte entfernt bei der Kirschgartenstraße erhebt sich hoch über die Rebstöcke des „König Wilhelmsbergs" eine acht Meter hohe Säule, auf der ein Adler thront. Die Säule wurde 1875 vom Bildhauer Adam Kramer geschaffen, am Sockel ist ein Porträt von Wilhelm I., König von Preußen und seit 1871 Deutscher Kaiser, zu sehen. Wilhelm schätzte den Wein aus Wicker und erlaubte 1866 seinem Hoflieferanten Georg Kroeschell, die Weinlage „König Wilhelmsberg" zu nennen.

> **TIPP**
>
> Der Weinprobierstand ist von Ende April bis Anfang Oktober geöffnet – Samstag 16 bis 23 Uhr, Sonn- und Feiertag 11 bis 23 Uhr.

Die Friedensstraße führt nach Nordwesten zum 1,5 Kilometer entfernten Massenheim, das zu Hochheim gehört. Auch hier wird Wein angebaut.

DER WEINERLEBNISWEG OBERER RHEINGAU

verbindet Kostheim mit Massenheim, er kann auch in der anderen Richtung erlebt werden, dann geht es bequem leicht bergab. Infotafeln, Weinprobierstände, Gutsschänken und Sehenswürdigkeiten aus Natur und Kultur säumen den 18 Kilometer langen Weg für Wanderer und Radler, der auch in Teilstrecken ein Vergnügen ist.

> **TIPP**
>
> Jedes Jahr am ersten Wochenende nach Pfingsten wird das Weinerlebnisweg-Fest mit vielen Veranstaltungen – auch für Kinder – und zusätzlichen Weinständen gefeiert.

Der Weinerlebnisweg ist markiert mit dem Bild von Grandpatte, dem Hund von der Art Grand Bleu de Gascogne aus den Karl-Comics (siehe Seite 89).

Im Süden führt der

Weg zu Keramag/Falkenberg, einem Teil von Flörsheim, dann auf zwei alternativen Wegen durch die Hochheimer Weinberge nach Westen zur Wein- und Sektstadt Hochheim am Main.

Dann wieder durch die Natur und über den Käsbach hinüber zum Fähncheskreuz. Das Kreuz mit der Christusfigur stammt wohl aus dem Jahr 1697 und dient seit 1783 als Grabmal. Eine Wetterfahne aus Blech auf dem Kreuz gab dieser Sehenswürdigkeit ihren Namen.

An der Weggabelung geht es links hinunter durch die Weinberge und nach Kostheim. Direkt am Mainufer liegt der Weinprobierstand mit dem schönen Weinbrunnen von 1989, aus dem aber nur Wasser sprudelt. Hier, wo sich der Main mit dem Rhein vereint, endet oder beginnt der Weinerlebnisweg Oberer Rheingau.

TIPP

Der Weinprobierstand ist von Anfang April bis Ende August geöffnet – Freitag 17 bis 22 Uhr, Samstag 16 bis 22 Uhr, Sonn- und Feiertag 10 bis 22 Uhr.

DIE WEIN- UND SEKTSTADT HOCHHEIM AM MAIN
QUEEN VICTORIA, ST. PETER UND PAUL, PRÄSIDENT JEFFERSON

VICTORIA

besuchte als 26-jährige Königin am 15. August 1845 anlässlich ihrer Rheinreise die Wein- und Sektstadt und tat sich gütlich am guten Hock.

Der Hochheimer Wein und die Weine vom Rhein waren bei Hofe in London geschätzte Köstlichkeiten. Es gab den Spruch: „Good Hock keeps off the Doc", was meint: Wer einen guten Hochheimer Wein hat, braucht keinen Arzt.

Mit Mann und Gefolge besuchte Victoria einen der schönsten und besten Weinberge von Hochheim. Der damalige Winzer Georg M. Pabstmann erhielt aus dem Buckingham Palace die Erlaubnis, diesen Weinberg „Königin Victoriaberg" zu nennen.

Seit 1854 erinnert ein etwa sieben Meter hohes Denkmal in englisch-neugotischem Stil an die Königin. Die Inschrift besagt: „Ihre Majestät Victoria Königin von Großbritannien und Irland hatte die Gnade diesem Weinberg ihren hohen Namen zu verleihen. Der erhabenen Monarchin zu Ehren und als dank-

TIPP

Der heutige Winzer des Königin-Victoria-Weinbergs, Joachim Flick, gibt interessierten Weingenießern die Möglichkeit, hier einen Rebstock zu pachten.
www.flick-wein.de

bare Erinnerung an eine so huldvolle Auszeichnung wurde dieser Denkstein errichtet von G. M. Pabstmann, Hochheim, 24. Mai 1854."

Wer auf dem Weinerlebnisweg nach Hochheim gelangt, kommt zu diesem Denkmal, das auch am Mainuferweg aus Richtung Frankfurt zu erreichen ist (siehe nächstes Kapitel).

ST. PETER UND PAUL

ist die katholische Pfarrkirche zu Hochheim geweiht. Schon von weither ist die Kirche zu sehen, die auf einem Weinberg thront. Die Bahnhofstraße führt hinauf. Durch das Küsterhaus, das als Torhaus Teil der mittelalterlichen Stadtmauer war, werden die Altstadt und der Zugang zur Kirche erreicht. Außen bescheiden aussehend, enthüllt sich die barocke Pracht im Innern. An der Stelle einer baufälligen Kirche entstand die neue 1730 bis 1732.

WER / WO / WAS

Weinbaumuseum

Wiesbadener Straße 1
65239 Hochheim am Main
Tel. 06146 9000

Öffnungszeiten Samstag und Sonntag 15 bis 17 Uhr

THOMAS JEFFERSON

war, bevor er US-Präsident wurde, Gesandter in Paris. Von dort machte er einen Ausflug ins berühmte Hochheim. Wer vor der Kirche auf dem Herrenpfad durch die Weinberge nach Westen wandelt, findet rechts des Wegs eine Gedenktafel, die an Jeffersons Besuch am 10. April 1788 erinnert, und dass er 100 Weinstöcke gekauft hatte. „Die Weinstöcke, die ich aus Hochheim mitnahm, gedeihen in meinem Garten und werden im nächsten Winter den Atlantik überqueren, um ein Glas Hochheimer aus eigener Herstellung anbieten zu können."

Am Ende des Pfads geht es rechts hoch und geradeaus über die Mainzer Straße in die Wiesbadener Straße. In den Gewölben unter dem Haus der Vereine ist Hessens erstes Weinbaumuseum zu besichtigen.

TIPP

Der Weinprobierstand in der Alleestraße 30/Am Weier ist von ungefähr Mitte April bis Anfang September geöffnet –
Freitag und Samstag 17 bis 24 Uhr,
Sonn- und Feiertag 11 bis 23 Uhr,
Montag 17 bis 23 Uhr.

REGIONALPARK RHEINMAIN
DER LANDSCHAFT EINEN SINN – DEN SINNEN EINE LANDSCHAFT

Der Regionalpark RheinMain mit seinen vielfältigen Naturräumen und Landschaftsformen, mit seinem weitverzweigten Wege- und Routennetz und seiner 190 Kilometer langen Rundroute lädt zu Erholung und Erlebnis ein. An den Wegen gibt es Stationen zum Rasten und Ruhen, zum Spielen und Spaßen. Technische Denkmäler, historische Anlagen oder deren Rekonstruktionen, Renaturierungen, Naturdenkmäler und Kunstwerke säumen die Wege. Bauernhöfe mit Hofläden, im Rheingau Weingüter mit Gutsschänken laden zum Genuss ein.

In einer erweiterten und aktualisierten Auflage haben wir im Societäts-Verlag in Frankfurt am Main vorgelegt: „Regionalpark RheinMain. Der Rad- und Wanderführer". 27 Touren auf 700 Kilometern werden beschrieben, sind mit Bildern und Karten versehen. Immer sind Bahnhöfe Ausgangsort und Ziel der Touren. Die S-Bahnen und die Regionalzüge befördern kostenlos die Fahrräder. Hier sind nur die Rheingau-Touren vorgestellt.

TOUR 25: VON MAINZ-KASTEL AUF DEM LEINPFAD NACH RÜDESHEIM
ist schon auf Seite 13 erwähnt

TOUR 1: VON DER MAINSPITZE ÜBER KOSTHEIM NACH HOCHHEIM UND FLÖRSHEIM
ist eine 23 Kilometer lange Tour. Vom Bahnhof Mainz-Gustavsburg, wo die Züge der S8 halten, geht es zunächst zur Mainspitze, wo sich Rhein und Main vereinen. Von dort führt der Weg zum Burgpark und über die Mainbrücke nach Kostheim, am Mainuferweg weiter, links ist der Weinprobierstand, bald rechts ein neuer Aussichtsturm am alten Hafen von Kostheim. Nun sind die Ausflügler im Oberen Rheingau.

Auf dem Mainuferweg wird Hochheim erreicht, bei Kilometer 7 geht es links hoch zur Kirche St. Peter und Paul. Der Weg vor der Kirche führt nach Westen, dann rechts hoch bis zum Weinbaumuseum. Nun zur Burgeffstraße, rechts den Königsberger Ring entlang, beim zweiten Kreisel nach links und bei Kilometer 10 ist der Rand von Hochheim erreicht.

Auf einer Brücke wird die B40 überquert, der Weg geht nun nach links am Käsbach entlang, bei Kilometer 12,5 erhebt sich links das „Vogelnest", eine Aussichtsplattform, von der weite Blicke über den Oberen Rheingau gehen. Weiter auf dem Weg wird der Spielpark Hochheim erreicht. An der Massenheimer Landstraße laden die

Regionalpark-Stationen Johanneshof und Lindenhof ein. Von der Straße weg nach Südosten führt der Weg an der Deponie Flörsheim-Wicker entlang. Am Biomassekraftwerk kann Hessens größte Kletterwand bestiegen werden (Information und Anmeldung: www.deponiepark.de).

Auf einer Brücke wird wieder die B40 überquert, der Landwehrweg führt nach Südost zur Wiesenmühle, von wo 60 Treppenstufen zur St.-Anna-Kapelle von 1715 hinaufführen. Hier gedeiht die kleinste Rheingauer Weinlage, die Lage Flörsheimer St.-Anna-Kapelle. Weiter nach rechts, den Berg hinunter bis zu den historischen Kalkbrennöfen, nach links bis Flörsheim, wo vom Bahnhof mit der S1 der

Rückweg beginnt. Die vielen Kunstwerke und Attraktionen am Weg konnten hier nicht erwähnt werden, es gilt sie zu erleben.

TOUR 2: VON FLÖRSHEIM ZUM REGIONALPARK-PORTAL UND NACH HATTERSHEIM

ist 20 Kilometer lang und beginnt am Bahnhof in Flörsheim, wo die Züge der S1 halten. Über die Bahnhofstraße geht es hinunter zum Main, dem Lauf des Flusses folgend unter der Opelbrücke hindurch. Rechts auf dem Berg ist die Flörsheimer Warte zu sehen, einst ein Wachturm, heute ein Ausflugslokal.

> **TIPP**
> ◇◇◇◇◇◇◇◇◇◇◇◇◇◇◇◇◇
> **Flörsheimer Warte**
> Öffnungszeiten Mitte März bis Ende Oktober, Samstag ab 15 Uhr, Sonn- und Feiertag ab 11 Uhr, ab Ende April auch Freitag ab 17 Uhr.

Der Weg von der Warte geht nach Osten, den Weinlaubengang entlang an Wicker, das sich links erstreckt, vorbei.

Auf einer Brücke wird die A3 überquert und in Weilbach auf der Eichenallee nach insgesamt neun

Der Weinlaubengang

Kilometern das Haus des Dichters erreicht, das auf einer Anhöhe thront. Das Haus, Goethe gewidmet, ist immer geöffnet; es fehlen die Außenwände. Die kreuzförmigen Innenwände sind wie Bücherregale gestaltet, an denen Gedichte von Goethe und anderen Dichtern zu lesen sind. Die Bänke im Haus laden zum Rasten und Ruhen ein. Der Weg führt zum Regionalpark-Portal mit Naturschutzhaus und Regionalpark-Besucherzentrum. Nahebei der Aussichtsturm und der Spielplatz mit der Kletterwand.

Der Weg vom Besucherzentrum geht nach Osten und aus der Region Oberer Rheingau hinaus und endet am Bahnhof Hattersheim, wo mit der S1 die Heimfahrt beginnt.

TOUR 23
ist das Erlebnis Mainuferweg ab Frankfurt; von Eddersheim über Flörsheim bis Hochheim geht es durch den Oberen Rheingau.

TOUR 24
beginnt in Wiesbaden-Amöneburg, über die Domäne Mechtildshausen und das Fähncheskreuz (siehe Seite 21) wird Mainz-Kastel, ein Stadtteil von Wiesbaden, erreicht.

WER / WO / WAS
||||||||||||||||||||||||||||||||||||||||||||||||||

Regionalpark-Besucherzentrum
Frankfurter Straße 76
65439 Flörsbach-Weilbach
Tel. 06145 9363620

www.regionalpark-rheinmain.de

Öffnungszeiten
Dienstag bis Sonntag 10 bis 18 Uhr

Regionalpark-Besucherzentrum

LANDESHAUPTSTADT WIESBADEN
AQUIS MATTIACIS UND NEROBERG, WASSER UND WEIN

„Erde, Himmel und Menschen sind anders, alles hat einen heiteren Charakter und wird mir täglich wohltätiger."
So freute sich Goethe, als er 1814 in Wiesbaden weilte. Und so freuen sich alle Menschen, die nach Wiesbaden kommen. Wie der Dichter finden sie in dieser Stadt Erholung und vielerlei Anregung für ihre Neugier und ihre Neigungen.

WER / WO / WAS

Wiesbaden Marketing GmbH
Tourist-Information
Marktplatz 1
65183 Wiesbaden
Tel. 0611 1729930
www.wiesbaden.de

Kurhaus

TIPP

Die preiswerte Wiesbaden TouristCard gibt es als Einzel- und als Gruppenkarte für freie Fahrten mit dem öffentlichen Nahverkehr in Wiesbaden und zum Flughafen Frankfurt, für Ermäßigungen bei über 25 Partnern aus Sightseeing, Kultur, Sport, Freizeit, Kulinarik und bei den Stadtrundgängen der Wiesbaden Marketing GmbH. TouristCards gibt es bei der Tourist-Information am Marktplatz und beim Info-Point vor dem Hauptbahnhof.

WIESBADEN. DIE KURSTADT

diente schon vor der Römer Zeiten der Kur, hier fanden die Menschen beim Baden in den Quellen auf den Wiesen Linderung ihrer Leiden und Heilung. Die Römer nannten die sprudelnden Wasser Wiesbadens „Quellen der Mattiaker". Die Mattiaker waren ein Teilstamm der germanischen Chatten und siedelten hier im Römischen Reich, geschützt durch den Limes, die Grenzbefestigung. Um das Jahr 400 verdrängten die Alemannen die Römer.

Der Gesundheit wegen kommen Menschen aus aller Welt in die Kurstadt. Für sie sprudeln täglich etwa zwei Millionen Liter heilendes Wasser aus den Quellen. Wiesbaden, vom Klima verwöhnt, wird gern das Nizza des Nordens genannt.

DAS KURHAUS

ist Mittelpunkt der Stadt und Ort nationaler und internationaler Kongresse, Tagungen, Konzerte und Ausstellungen. Das prächtige Gebäude wurde von 1904 bis 1907 für sechs Millionen Goldmark an der Stelle des 1810 erbauten Gesellschaftshauses errichtet. Den ionischen Portikus des Kurhauses zieren die Worte „Quellen der Mattiaker", in Latein: Aquis Mattiacis.

Kaiser Wilhelm II., der oft in Wiesbaden weilte, nannte das Gebäude anlässlich der feierlichen Eröffnung: „Das schönste Kurhaus der Welt."

WER / WO / WAS
||||||||||||||||||||||||||||||||||||||||

Kurhaus Wiesbaden GmbH
Kurhausplatz 1
65189 Wiesbaden
Tel. 0611 1729290

www.wiesbaden.de
www.spielbank-wiesbaden.de

DIE SPIELBANK

im Kurhaus ist eines der schönsten, traditionsreichsten und niveauvollsten Casinos der Welt. Deshalb kommen die Gäste auch in gepflegter Kleidung, die Herren im Jackett tragen Krawatte oder Fliege. Mindestens 18 Jahre alt müssen die Besucher sein und einen amtlichen Lichtbildausweis vorlegen. Das wurde früher nicht verlangt. Otto von Bismarck, Richard Wagner und Fjodor Dostojewski zum Beispiel waren oft Gäste der Spielbank. Der russische Schriftsteller verlor hier sein gesamtes Vermögen und veröffentlichte 1867 seinen Bestseller „Der Spieler". Wiesbaden wird im Roman seiner Spielsucht Roulettenburg genannt. Der Roulette-Kessel, an dem Dostojewski spielte und sich ruinierte, ist heute noch zu sehen – zum Beispiel bei einem Stadtrundgang, durchgeführt von der Wiesbaden Marketing GmbH.

Seit 1996 ist das Denkmal für Dostojewski, ein Geschenk des russischen Bildhauers Gabriel Glikman, rechts nach dem Eingang im Kurpark zu sehen.

Das Klassische Spiel mit Roulette, Black Jack und Poker findet täglich von 14.45 bis 4 Uhr statt.

Das Automatenspiel an über 180 Automaten wird in der Kurhaus-Kolonnade täglich von 12 bis 4 Uhr veranstaltet. Die mit 129 Metern längste Säulenhalle Europas wurde 1827 erbaut.

WIESBADENS QUELLEN

Die Kelten, die Germanen und schließlich die Römer, die sich seit Anfang des 1. Jahrhunderts hier niederließen und die Ansiedlung Aquae Mattiacorum nannten, bauten Thermen und Wasserleitungen, benutzten das Wasser zum Baden und Heilen, auch zum Heizen – wie heute noch.

Einst wurden 27 Quellen in Wiesbaden gezählt, die zum Teil als Bohrbrunnen entstanden waren. Nicht alle Brunnen und Quellen sprudeln noch, einige sind versiegt oder geschlossen worden.

Das Quellenviertel in der Stadt zieht sich von Norden, von der Taunusstraße nach Südwesten bis zur Faulbrunnenstraße, wobei dieser Brunnen keine Thermal-, sondern eine Mineralquelle ist.

Einige der Quellen seien hier erwähnt.

DER KOCHBRUNNEN

auf dem Kochbrunnen-/Kranzplatz in der Nähe der Taunusstraße ist der bekannteste Brunnen und eine berühmte Sehenswürdigkeit. Der Tempel über dem Brunnen war im 19. Jahrhundert der Mittelpunkt der Wiesbadener Trinkkur. Das Wasser der Natrium-Chlorid-Thermalquelle hat eine Temperatur von 66,1 °C; daher kommt der Name, der früher Brühborn und Siedeborn lautete. Etwa 360 Liter entströmen dem Brunnen  je Minute. Die Wiesbadener und ihre Gäste besuchen den frei zugänglichen Tempel, trinken das kostenlose Wasser, füllen es in große und kleine Gefäße und tragen es getrost nach Hause.

Das Wasser des Kochbrunnens, der eine Primärquelle ist, springt auch aus dem nahebei gelegenen Kochbrunnenspringer, einer modernen Brunnenanlage, 1970 geschaffen von Edgar Heydock. Der Sinter, die mineralischen Ablagerungen auf dem Granit, wird durch die oxidierenden Metallanteile des Wassers rot eingefärbt. Der größte Teil des Kochbrunnenwassers fließt zunächst in die Aufbereitungsanlage des Kaiser-Friedrich-Bads, von wo es hier die Becken speist. Viel Wasser wird in das städtische Thermalwassernetz eingeleitet. So erhält auch das Thermalbad im Aukammtal hinter dem Kurpark, Leibnizstraße 7, sein Kochbrunnenwasser.

DIE KAISER-FRIEDRICH-THERME

wurde 1913 als städtisches Bade- und Kurmittelhaus an der Stelle errichtet, wo die Römer schon ein Schwitzbad betrieben hatten. Das außen unscheinbar wirkende Gebäude entfaltet im Innern seine verschwenderische Pracht. Malereien, Reliefs und Dekors im Jugendstil entzücken die Besucher des Bads, das nach dem liberalen Kaiser Friedrich benannt ist, der 1888 nach nur 99 Tagen auf dem Thron gestorben war.

Auf 1.450 Quadratmeter Gesamtfläche erstreckt sich die großzügige Saunalandschaft um das historische Irisch-Römische Bad. In den Thermalsitzbecken wird das Quellwasser in zwei Varianten genossen. Eine Finnische Sauna ist ebenso vorhanden wie das klassische Irisch-Römische Dampfbad. Die nächste Stufe dieses Dampfbads ist das Sudatorium; der Ablauf startet im Tepidarium.

Zudem gibt es in der Kaiser-Friedrich-Therme das Lumenarium, einen Ruheraum mit farbigen Lichtspielen, das Frigidarium zur Abkühlung, den tropischen Eisregen zur Erfrischung, das Sanarium mit den Aromen ätherischer Öle, das Lavacrum mit Schwallwasser und das Steindampfbad. Und natürlich gibt es das große Schwimmbecken mit seinem erfrischenden Wasser. Vielfältig ist das Massage-Angebot in der Therme. Zwischendurch lädt die Quellenbar ein, Speisen und Getränke zu genießen.

WER / WO / WAS
||||||||||||||||||||||||||||||||

Kaiser-Friedrich-Therme

Langgasse 38–40
65183 Wiesbaden
Tel. 0611 317060

www.wiesbaden.de

Öffnungszeiten
1. Mai bis 31. August
tägl. 10 bis 22 Uhr,
1. September bis 30. April
zusätzlich Freitag und
Samstag 10 bis 24 Uhr
Dienstag ist Damentag

DIE NASSAUER HOF THERME

bezieht ihr 65,8 °C heißes Heilwasser aus der eigenen Spiegelquelle, die zu den wärmsten Thermalquellen Mitteleuropas zählt. Die Nassauer Hof Therme befindet sich im fünften Stockwerk des Luxushotels am Kaiser-Friedrich-Platz, der geschmückt ist mit einem Denkmal für den Kaiser.

Schönheit, Sport, Gesundheit, Prävention und Rehabilitation sind die Elemente der Therme, die auf 1.500 Quadratmetern

WER / WO / WAS
Nassauer Hof Therme im Hotel Nassauer Hof Kaiser-Friedrich-Platz 3–4 65183 Wiesbaden Tel. 0611 133656 www.nassauer-hof.de

Wohlbefinden verheißt. Der Spa-Bereich lädt ein mit großem Thermalschwimmbad, Fitness Center, zwölf Anwendungsräumen, Saunen, Solarium und Artemis Beauty Spa. Verlockend sind die speziellen Hotel- und Artemis-Arrangements.

Zum Hotel Nassauer Hof gehören das Restaurant Orangerie und das Sterne-Restaurant Ente.

Das Hotel Schwarzer Bock hat auch eine eigene Quelle, die Drei-Lilien-Quelle. Das Hotel wurde 1486 als Badhaus eröffnet. www.radissonblu.de/hotel-wiesbaden
Im Hotel Bären sprudelt die Bärenquelle.
www.baeren-hotel.de

DER BÄCKERBRUNNEN

in der Wagemann-/Grabenstraße mitten in der Altstadt lieferte den Bäckern und Metzgern das heiße Wasser, das sie brauchten. Über der Quelle wurde 1906 ein Brunnenhaus errichtet. Das Thermalwasser mit 49 °C wird mit Wasser aus der Salmquelle, der Schützenhofquelle und aus der Kaiser-Friedrich-Therme gemischt. Das Wasser des Bäckerbrunnens kann kostenlos zur Trinkkur genossen werden. Das Wasser fördert die Verdauung, hilft gegen Magen- und Darmbeschwerden. Weil aber nur ein Liter Wasser pro Tag empfohlen wird, gibt es hier dem Brunnenhaus gegenüber die Altstadtkneipe mit dem Namen des Brunnens.

DIE SCHÜTZENHOFQUELLE

sprudelt in der Schützenhofstraße, einer Nebengasse der Langgasse, und ist eine Primärquelle. Das Wasser mit einer Temperatur von 49 °C kommt aus einer Bohrtiefe von etwa 60 bis 125 Metern. Das milde und heilkräftige Wasser kann direkt aus dem schönen Brunnen entnommen werden. Auch hier wird empfohlen, nicht mehr als einen Liter am Tag zu trinken.

Einst war diese Quelle der Sirona geweiht, der keltischen Quell- und Heilgöttin, die oft zusammen mit Apollo verehrt wurde. Zur Zeit des römischen Wiesbaden war hier eine Therme angelegt worden. Heilung suchende Pilger aus dem linksrheinischen Gallien errichteten an der Sirona-Quelle ein Heiligtum für die Göttin. Im Museum Wiesbaden ist ein Gedenkstein für Sirona zu sehen.

DER FAULBRUNNEN

auf dem Faulbrunnenplatz/Platz der Deutschen Einheit ist ein besonderer Brunnen. Er steht südwestlich des eigentlichen Quellenviertels. Das Wasser entspringt keiner Thermal-, sondern einer primären Mineralquelle. Der Name des Brunnens rührt vom faulig duftenden und schmeckenden Schwefelwasserstoff, der durch Bakterien aus dem Eisensulfid des Mineralwassers gebildet wird.

Die Wirkung des Wassers ist gut für Leber, Galle und Darm.

Durch die attraktive Neugestaltung des Platzes hat auch der Brunnen eine neue Form erhalten.

STADTBUMMEL – SCHAUEN UND SHOPPEN

Wiesbaden ist das Nizza des Nordens, mondän und elegant wie einst, dabei modern und erlebnisreich. Für manche scheint die Stadt beschaulich; fürwahr, zu beschauen gibt es viel. Lokalitäten und Veranstaltungen garantieren zudem ereignisreiche und unterhaltsame Tage und Nächte.

DIE WILHELMSTRASSE

ist der Prachtboulevard und wird liebevoll „Die Rue" (Die Straße) genannt. Etwa zehn Minuten vom Hauptbahnhof zu Fuß entfernt, beginnt die Rue an der Rheinstraße und erstreckt sich 800 Meter lang nach Norden bis zur Taunusstraße/Sonnenberger Straße.

Die meisten deutschen Wilhelmstraßen sind nach Wilhelm I., der von 1871 bis 1888 Kaiser war, benannt. Nicht so die Wiesbadener Wilhelmstraße, die ihren Namen nach Herzog Wilhelm I. von Nassau-Limburg trägt, der von 1816 bis 1839 in der Stadt residierte.

Die östliche Zeile der Straße ist nicht bebaut. Eine Ausnahme ist an der Kreuzung Frankfurter Straße die Villa Clementine, heute das Literaturhaus mit Café. Anschließend erstreckt sich der Landschaftspark „Warmer Damm" bis zum Hessischen Staatstheater, vor dem Schiller dichtet – seit 1905 als Denkmal des Berliner Bildhauers Joseph Uphues; hinter den Theaterkolonnaden weitet sich der Platz mit zwei Teichen und Springbrunnen vor dem Kurhaus.

Wer die Rue entlangbummelt, kommt an vielen exquisiten Ladengeschäften für Mode und Mobiliar, Accessoires und Schmuck vorbei – oder erliegt der Verführung, tritt ein und lässt sich freundlich begrüßen und beraten.

Hier einige Tipps für die Rue. Nr. 12: Chocolateria Kunder verführt mit über 100 Sorten Pralinen und den einmaligen Wiesbadener Ananastörtchen. Seit 1904 wird diese berühmte Spezialität aus Marzipan, Schokolade, Nougat, Mandeln und Ananasfüllung konfektioniert. Die Törtchen können im Internet unter www.echt-wiesbaden.de bestellt werden, die Chocolateria Kunder liefert sie ins Haus.

Nr. 24: Das Erbprinzenpalais mit seiner langen Fassade und dem mit Säulen geschmückten Eingang ist der Sitz der Industrie- und Handelskammer. Der große klassizistische Bau wurde für den Erbprinzen Wilhelm errichtet, den späteren Herzog und Namensgeber der Straße.

Nr. 56: Am Hotel Nassauer Hof vorbei – oder nach der Rast in den Restaurants Ente oder Orangerie – ist der Laden des Juweliers Oberleitner erreicht. Hier werden einzigartiger Schmuck und edle Uhren offeriert.

Nr. 60: Café Blum ist seit 1878 dank seiner Konditorei berühmt und beschließt die Wilhelmstraße auf genussvolle Art.

SCHIFFCHEN

heißt der Teil der Altstadt, der von der Graben- und der Wagemannstraße zwischen der Goldgasse im Norden und der Marktgasse im Süden gebildet wird. Ein Blick auf den Stadtplan zeigt, woher der Name kommt. Wo die beiden Straßen jeweils oben und unten aufeinander treffen, sieht es aus wie Bug und Heck eines Schiffs.

Viele Kneipen, Bistros, Bars, Cafés, Restaurants, ein Weinhaus, viele Handwerker und Läden prägen das Bild des Schiffchens. In der Grabenstraße 6 gibt es gar eine Revolution: „the princess revolution", die Wiesbadener Marmeladen- & Senfmanufaktur. Stefanie Kleinjung kocht in Handarbeit zahlreiche Sorten Konfitüren, Gelees, Senf und Saucen. www.the-princess-revolution.com

SCHLOSSPLATZ UND MARKTPLATZ

sind mit wenigen Schritten vom Schiffchen über die Marktgasse zu erreichen. Das Stadtschloss der Nassauer Herzöge wurde von 1837 bis 1841 in klassizistischem Stil erbaut. Heute dient es dem Hessischen Landtag.

> **TIPP**
>
> Jeden Samstag um 15 Uhr werden öffentliche und kostenlose Führungen durch die Räume des Landtags und die ehemalige Wohnung der Herzöge veranstaltet.

Der Schlossplatz wird von weiteren Sehenswürdigkeiten umkränzt. Das Alte Rathaus ist ein Renaissancebau von 1608/1610 und dient heute als Standesamt. Vor dem Alten Rathaus sprudelt Wasser aus dem Marktbrunnen von 1753. Auf dem Brunnen thront der Nassauer Löwe, der ein Schild in seinen Pranken hält, verziert mit dem Stadtwappen, drei goldenen Lilien auf blauem Grund.

Das Neue Rathaus, dem Landtag gegenüber, ist ein imposantes Neorenaissance-Bauwerk, errichtet von 1884 bis 1887.

Die evangelische Marktkirche am Schlossplatz, auch Nassauischer Landesdom geheißen, ist Wiesbadens höchstes Gebäude. Der Ziegelbau nach dem Muster der Friedrichswerderschen Kirche zu Berlin, erbaut von Karl Friedrich Schinkel, ist dreischiffig und hat fünf schlanke Türme. Der Westturm ist 98 Meter hoch.

Kirchenführungen mit Turmbesteigung, Orgelkonzerte und Carillonmusik (Glockenspiel) werden veranstaltet.
www.marktkirche-wiesbaden.de

An der Rückseite des Neuen Rathauses und der Marktkirche erstreckt sich der Marktplatz mit dem Dern'schen Gelände. Hier findet jeden Mittwoch und Samstag von 7 bis 14 Uhr der Wochenmarkt mit seinem Angebot aus aller Welt statt. Die Wiesbadener Winzer sind mit eigenen Ständen vertreten.

WIESBADEN UND SEINE MUSEEN

Insgesamt 13 Stadtteil- und Heimatmuseen können in der Stadt und ihren Vororten besichtigt werden. Dazu kommen Museen mit speziellen Sammlungen wie das Museum für Deutsche Fernsehgeschichte oder das komische Harlekinäum.
Eine Auswahl aus dem Museumsangebot:

DAS STADTMUSEUM WIESBADEN
wird irgendwann repräsentative Räume beziehen. Noch werden die Ausstellungen und Veranstaltungen hinterm Alten Rathaus in der Ellenbogengasse 3–7 im „Schaufenster Stadtmuseum" veranstaltet. Öffnungszeiten Dienstag bis Sonntag von 11 bis 17 Uhr.

DAS MUSEUM WIESBADEN
ist eines der drei Hessischen Landesmuseen. Goethe, der auch ein Naturkundler war, und engagierten Wiesbadener Bürgern ist die Gründung des Museums zu verdanken. Deswegen sitzt der Dichter vor dem Museum. Er stellt eine Mischung aus Zeus und Prometheus dar und hält einen Adler im Arm. Das Denkmal von 1919, ein Werk des Münchner Bildhauers Hermann Hahn aus poliertem Fichtelgebirgsgranit, nimmt auch Bezug auf Goethes Text „Über den Granit", der so schließt: „Mein Geist hat keine Flügel, um sich in jene Uranfänge hervorzuschwingen. Ich stehe auf dem Granit fest und frage ihn, ob er uns einigen Anlass geben wolle zu denken, wie die Masse, woraus er entstanden, beschaffen gewesen."

Drei verschiedene, gleich interessante Sammlungen sind im Museum zu bewundern: die Kunstsammlung, die Sammlung Nassauischer Altertümer und die Naturwissenschaftliche Sammlung. Sonderausstellungen zu verschiedenen Themen ergänzen das reiche Angebot des Museums.
Internationalen Ruhm genießt das Museum durch seine Sammlung von Gemälden und Zeichnungen des russischen Künstlers Alexej von Jawlensky, der von 1921 bis zu seinem Tod 1941 in Wiesbaden lebte.

WER / WO / WAS

Museum Wiesbaden
Friedrich-Ebert-Allee 2
65185 Wiesbaden
Tel. 0611 3352250

www.museum-wiesbaden.de

Öffnungszeiten
Dienstag und Donnerstag 10 bis 20 Uhr,
Mittwoch, Freitag bis Sonntag,
Feiertag 10 bis 17 Uhr

frauen museum wiesbaden, Ausstellung

DAS FRAUEN MUSEUM WIESBADEN

in der Wörthstraße, die quer zur westlichen Rheinstraße verläuft, ist ein einzigartiges Kunst-, Kultur- und Geschichtsmuseum, ein Denk- und Freiraum, ein Ausstellungs- und Veranstaltungsort.
Das mit dem Kulturpreis der Landeshauptstadt Wiesbaden ausgezeichnete Museum veranstaltet Tagungen, Seminare, Diskussionen, Lesungen, Vorträge, Stadtrundgänge, Filmprojekte und Tanzdarbietungen.

WER / WO / WAS

frauen museum wiesbaden
Wörthstraße 5 · 65185 Wiesbaden
www.frauenmuseum-wiesbaden.de

Öffnungszeiten
Mittwoch und Donnerstag
10 bis 17 Uhr,
Samstag und Sonntag 12 bis 17 Uhr

WIESBADEN 41

DAS RÖMISCHE FREILICHTMUSEUM

am Rand der Fußgängerzone in der Altstadt in der Nähe der Kaiser-Friedrich-Therme ist frei zugänglich und hat die Adresse: Am Römertor. Dieses Tor ist eine Rekonstruktion von 1902. Daneben erstreckt sich die Heidenmauer, Wiesbadens ältestes Bauwerk aus der Römerzeit, zwischen 364 und 373 zum Schutz gegen germanische Angriffe errichtet. Kopien von römischen Steintafeln und von Altarsteinen eines Mithrasheiligtums sind im Freilichtmuseum aufgestellt.

DAS SCHLOSS FREUDENBERG

im Westen der Stadt zwischen den Stadtteilen Freudenberg und Frauenstein gelegen, ist ein Erfahrungsfeld zur Entfaltung der Sinne und des Denkens. Das Schloss und sein Park wurden von einer Gruppe Künstler, Handwerker und Pädagogen in ein einzigartiges Mitmach-Museum verwandelt. Die Wanderung zwischen den mehr als 60 Stationen führt vom Begreifen der Kunst zur Kunst des Begreifens.

Für Menschen ab drei Jahren gibt es: Tastgalerie, Impulskugeln, Drei-Zeiten-Pendel, Partnerschaukel, Spüreisen, Goethes Farbenlehre mit Prismen, farbige Halbschatten, Morgenrot und Himmelblau, Gongs, Klangplatten, Monochord des Pythagoras, Summstein, Stahlharfen und andere Instrumente und Installationen zum Anfassen, Erfassen, Fühlen, Erproben und Experimentieren.

In der DunkelBar werden Speisen und Getränke in der Finsternis serviert, das Schlosscafé bewirtet die Besucher bei Licht.

WER / WO / WAS

Schloss Freudenberg
Freudenbergstraße 220
65201 Wiesbaden-Dotzheim
Tel. 0611 4110141
www.schlossfreudenberg.de

Öffnungszeiten
Dienstag bis Freitag 9 bis 18 Uhr,
November bis Februar bis 17 Uhr,
Samstag, Sonntag, Feiertag 11 bis 18 Uhr

WIESBADEN UND SEINE BURGEN UND SCHLÖSSER

Schon seit der Römer Zeiten war Wiesbaden eine wichtige Stadt. Das Kastell wurde aber 121/122 aufgegeben. Mit der Heidenmauer war die Stadt befestigt worden. Im Stadtschloss der Nassauer residiert heute der Hessische Landtag. Auch das Erbprinzenpalais ist wie Schloss Freudenberg schon vorgestellt worden. Hier nun die anderen Burgen und Schlösser von Wiesbaden.

DAS JAGDSCHLOSS FASANERIE

Teil des Reduits

im Norden an der Aarstraße wurde von 1744 bis 1749 erbaut. Die Burg Frauenstein im Westen stammt aus der Zeit um 1180 und ist längst eine Ruine. Die Burg Sonnenberg auf dem Schlossberg in Sonnenberg wurde um 1200 erbaut und ist eine Ruine mit Restaurant. Mainz gegenüber im Südosten, bis 1945 Mainz zugehörig, liegt der Wiesbadener Stadtteil Mainz-Kastel. Zwischen Eisenbahn und Rhein liegt der Festungsbau Reduit neben der Theodor-Heuss-Brücke. Hier überspannte eine römische Brücke den Rhein, ein Kastell sicherte den Flussübergang. Von 1830 bis 1834 wurde hier das nassauische Fort errichtet, das auch als Kaserne diente. Heute haben Karnevals- und andere Vereine im großen Bauwerk ihr Domizil – und das Museum Castellum, das am Sonntag von 10.30 bis 12.30 Uhr seine Schätze aus römischer Zeit zeigt.

DAS SCHLOSS BIEBRICH

erstreckt sich am Rheinufer im Süden der Stadt. Das Schloss war Hauptresidenz der Nassauer Fürsten und Herzöge bis zur Fertigstellung des Wiesbadener Stadtschlosses 1841, dann diente Schloss Biebrich als Sommerresidenz.

Graf Georg August Samuel von Nassau-Idstein wurde 1688 in den Fürstenstand erhoben, weil er an der Befreiung Wiens von der türkischen Belagerung teilgenommen hatte. Dafür erhielt er vom Kaiser außerdem eine größere Geldsumme, mit der er ein Grundstück am Rhein erwarb. Hier ließ er sich ein Schloss erbauen. 1721, im Todesjahr des Fürsten, war dessen „Versailles am Rhein" noch nicht vollendet. Das Fürstentum ging an den minderjährigen Karl von Nassau-Usingen über. Er ließ das Schloss bis 1744 als Dreiflügelanlage fertigstellen und verlegte seine Residenz vom Taunus an den Rhein.

Goethe berichtet 1815: „Nach so vielen Ruinen alter und neuer Zeit, welche den Reisenden am Niederrheine nachdenklich, ja traurig machen, ist es wieder die angenehmste Empfindung, ein wohlerhaltenes Lustschloss zu sehen, das unerachtet der gefährlichsten Nachbarschaft, in völligem Stande von seinem Fürsten bewohnt, durch einen Hof belebt wird, der den Fremden den liberalsten Empfang genießen lässt ..."

1866 wurde das Herzogtum Nassau von Preußen annektiert. Schloss Biebrich wurde als Privatbesitz dem Herzog Adolf übergeben. Der wurde in der Erbfolge 1890 Großherzog von Luxemburg. 1935 verkaufte Adolfs Enkelin, die Großherzogin Charlotte von Luxemburg, das

> **TIPP**
>
> In der Rotunde lädt täglich ab 11 Uhr Restaurant, Café, Bar, Lounge „Schloss Biebrich" ein.

Schloss Biebrich, Westansicht

Schloss Biebrich, Rotunde

Schloss an Preußen. Nach dem Krieg ging Schloss Schloss Biebrich an das Land Hessen über. Das Schloss dient repräsentativen Veranstaltungen, gibt Institutionen und Behörden Raum – auch einem Standesamt.

Hinter dem Schloss erstreckt sich zur Stadt hin der Schlosspark. Zwischen 1817 und 1823 gestaltete der berühmte Gartenkünstler Friedrich Ludwig von Sckell, der auch den Englischen Garten in München geschaffen hat, den Biebricher Garten in einen englischen Landschaftsgarten um und erweiterte ihn Richtung Norden.

Der Park, der frei zugänglich ist, lädt zu Spaziergängen und zum Verweilen ein. Ein Lehrpfad ist Sckell gewidmet.

Die Mosburg am Teich, der vom Mosbach gespeist wird, ist ein kleines Lustschloss, das vor über 200 Jahren in romantischer Laune als künstliche Ruine erbaut worden war. Die Tourist-Information veranstaltet Führungen durch Schloss und Schlosspark.

DIE SEKTKELLEREI HENKELL

am Rand von Biebrich residiert in einem prächtigen Gebäude, größer und schöner als manches Schloss, weswegen es hier Erwähnung findet. Die Sektkellerei war von Adam Henkell 1832 in Mainz gegründet worden. 1909 war das neue Gebäude in Wiesbaden, von Paul Bonatz entworfen, fertiggestellt worden. Der Marmorsaal ist der elegante und kunstvolle Mittelpunkt des Hauses. Die Führungen durch die Sektkellerei beginnen hier, gehen in die sieben Stockwerke tiefen Keller. Die Besucher erfahren, wie aus Wein Sekt wird, wie die Perlen in die Flaschen kommen, besichtigen das Sektmuseum und erleben bei der Sektprobe den prickelnden Genuss der feinen Sorten von Henkell.

WER / WO / WAS

Henkell & Co. Sektkellerei KG
Biebricher Allee 142
65187 Wiesbaden
Tel. 0611 630

www.henkell-sektkellerei.de

Führungen nach Voranmeldung
Montag bis Freitag 10 bis 18 Uhr
und nach Vereinbarung

Marmorsaal

DAS JAGDSCHLOSS PLATTE

steht auf einer Höhe von 500 Metern im Norden Wiesbadens nahe der Grenze zu Taunusstein neben der Platter Straße, der B417. Das quadratische Schloss im Stil der Neorenaissance wurde von 1823 bis 1826 im Auftrag Herzog Wilhelms von Nassau vom Hofbaudirektor Friedrich Ludwig Schrumpf erbaut. Es ist ein beliebtes Ausflugsziel in schöner Natur. Nach der Zerstörung im Zweiten Weltkrieg wurde die Ruine saniert und mit einem gläsernen Dach versehen, das die Innenräume schützt, in denen Veranstaltungen durchgeführt werden. Vor dem Eingang posieren zwei Nachgüsse von schönen Hirschskulpturen, die der bedeutende Bildhauer Christian Daniel Rauch geschaffen hatte.

> **TIPP**
>
> Neben dem Jagdschloss lädt der Gasthof „Jagdschloss Platte" ein, Treffpunkt von Ausflüglern mit dem Auto, Wanderern, Radfahrern; Öffnungszeiten Dienstag bis Sonntag ab 12 Uhr.

DER NEROBERG

„Wenn man von der Höhe über Wiesbaden den Rhein sieht, von Oppenheim herab bis Mainz vorbeifließen und wie er dann gegen Ellfeld die Große Aue in sich fasst und weiter hinab die Reihe von Ortschaften, der Johannisberg und bis Bingen die Landschaft erscheint – so weiß man doch, warum man Augen hat."

Mit Ellfeld meint Goethe Eltville, und die Große Aue ist die Insel Eltviller Aue. Wer diese Aussicht und noch mehr erleben will, begibt sich auf den 245 Meter hohen Neroberg im Norden Wiesbadens. Die Straße hinauf ist ausgeschildert. Aber die schönste Art, auf den Berg zu gelangen, ist die Fahrt mit der Nerobergbahn.

DIE NEROBERGBAHN

fährt seit 1888 vom Nerotal hinauf auf den Neroberg. Die umweltfreundliche Bahn mit der beschaulichen Geschwindigkeit von 6,78 Kilometern pro Stunde braucht für die 438,5 Meter lange Strecke und den Höhenunterschied von 80 Metern drei und eine halbe Minute. Die Nerobergbahn, Spurweite 1.000 Millimeter, ist die älteste Zahnstangen-Standseilbahn mit Wasserballastantrieb.

Die zwei Wagen, die in den nassauischen Farben Blau und Orange leuchten, sind durch ein 451 Meter langes Stahlseil verbunden. Der Tank des talwärts fahrenden Wagens wird an der Bergstation mit bis zu 7.000 Liter Wasser gefüllt und zieht am Stahlseil den anderen Wagen bergauf. Unten wird das Wasser abgelassen und bergauf gepumpt. Abfahrt der Nerobergbahn alle 15 Minuten.
www.nerobergbahn.de

DER TURM

auf dem Neroberg, wenige Schritte von der Bergstation der Bahn entfernt, ist das Überbleibsel eines Hotels aus den 1880er Jahren, das 1986 abbrannte. Der Turm ist nun Restaurant mit großer Terrasse, geöffnet täglich ab 12 Uhr. www.wagner-gastronomie.de

DER KLETTERWALD

erstreckt sich ein Stück hinter dem Turm im Wald. Der Hochseilgarten bietet mit etwa 80 Kletterelementen und verschiedenen Strecken in unterschiedlichen Höhen und Schwierigkeitsgraden Natur- und Teamerlebnis für Kletterfreunde jeglichen Alters. Der Kletterwald ist von Mitte März bis Mitte November geöffnet, die Öffnungszeiten richten sich auch nach den Ferien und dem Wetter. www.kletterwald-neroberg.de

DER MONOPTEROS

in der Nachbarschaft von Bergstation und Turm ist ein Aussichtstempel, der 1851 von Philipp Hoffmann erbaut wurde. Hoffmann hat auch den Park auf dem Neroberg gestaltet.

DAS OPELBAD

liegt einige Schritte unterhalb des Monopteros. Es ist eine Stiftung von Dr. Wilhelm von Opel und wurde 1934 im Bauhausstil errichtet. Im 14.500 Quadratmeter großen Gelände ist das kombinierte und beheizte Schwimmer-/Nichtschwimmerbecken, 65 x 12 Meter groß, der attraktive Mittelpunkt. Ein Planschbecken mit Rutschbahn, Spielgeräte, eine Sauna und eine Liegewiese gehören dazu.

Das Opelbad ist in der Badesaison von Frühjahr bis Herbst täglich von 7 bis 20 Uhr geöffnet.
Das Restaurant Wagner mit seiner sonnigen Glasveranda und dem weiten Ausblick ist vom Besuch des Opelbads unabhängig und zugänglich für alle.

WIESBADEN 49

DIE RUSSISCHE KIRCHE

ist etwa 400 Meter östlich vom Opelbad entfernt, der Weg ist ausgeschildert, bald leuchten die fünf vergoldeten Zwiebelhauben der Türme durch die Bäume hindurch.

Als die junge russische Prinzessin Elisabeth Michailowna Romanowa, Großfürstin von Russland, Herzogin von Nassau und Ehefrau des Herzogs Adolf von Nassau mit ihrem ersten Kind 1845 kurz nach der Geburt starb, beschloss der unglückliche Herzog, für Frau und Kind eine Grabeskirche zu bauen. Der Baumeister war Philipp Hoffmann, der sich während einer Russlandreise mit der dortigen Architektur vertraut gemacht hatte.

Die Kirche auf dem Neroberg entstand zwischen 1847 und 1855 und ist der heiligen Elisabeth, der Mutter des Täufers Johannes, geweiht, deren Bildnis über dem Südeingang zu sehen ist. Dieser Eingang

WER / WO / WAS

Russisch-orthodoxe Kirche der hl. Elisabeth auf dem Neroberg
Christian-Spielmann-Weg 2
65193 Wiesbaden
Tel. 0611 9590994

www.roc-wiesbaden.de

Öffnungszeiten täglich ab 10 Uhr, Sonntag erst ab 12.30 Uhr, davor ist Gottesdienst

war den Fürsten vorbehalten. Nach dem Sturz des letzten Zaren Nikolaus II. 1917 während der Revolution in Russland wurde dieser Eingang für immer verschlossen. Von der Kirche führt ein Weg zum russischen Friedhof, der schon 1856 angelegt wurde. Hier ist auch der Maler Alexej von Jawlensky begraben.

DAS WEINGUT

auf dem Neroberg ist in der Kapellenstraße ansässig, die von der Kirche, die früher als griechische Kapelle bezeichnet wurde, zu erreichen ist – oder von der Innenstadt aus. Der Weinberg selbst erstreckt sich unterhalb des Opelbads nach Süden. Aus dem Wiesbadener Wein wird auch ein feiner Rieslingsekt kreiert.

WER / WO / WAS

Weingut der Landeshauptstadt Wiesbaden

Kapellenstraße 99
65193 Wiesbaden
Tel. 0611 313750

Öffnungszeiten
Montag bis Donnerstag 10 bis 12 Uhr, 14 bis 17 Uhr, Freitag 10 bis 18 Uhr, Samstag 10 bis 13 Uhr

WIESBADEN-FRAUENSTEIN
KIRSCHEN, WEIN UND GOETHESTEIN

Frauenstein ist der Stadtteil im Westen. Wie in den Wiesbadener Stadtteilen Dotzheim, Schierstein und Kostheim gibt es hier Rebhänge. Berühmt ist Frauenstein auch wegen seiner Kirschblüte und der schmackhaften Kirschen. Und auch wegen Goethe, der hier in die Weinberge fiel, weil er einem jungen Mädchen folgte.

Über Frauenstein thront auf dem Spitzen Stein die Ruine der Burg Frauenstein. Im 14. Jahrhundert wurden hier Höfe angelegt, so auch der Hof Nürnberg, der über die Straße namens Nürnberger Hof von Norden oder Westen zu erreichen ist.

Der Name kann sich ableiten von der Hohenzollern-Gräfin Margarethe, Tochter des Burggrafen Friedrich von Nürnberg, die 1330 den Grafen Adolph von Nassau geheiratet hatte. Das alte Wort norr meint: dürr; so kann also der frühere Name Nornberg auch bedeuten, dass der Berg für den Ackerbau nicht geeignet ist – sehr wohl aber für den Weinbau.

Der Hof Nürnberg ist immer noch ein Weingut, zudem ein beliebtes Ausflugslokal mit schöner Sommerterrasse und Blick ins Rheintal.

Am 6. Juli 1815 besuchte Goethe den Hof, der damals dem Herzog Friedrich August von Nassau gehörte. Der Dichter vermerkt, er habe „zum Mittag gespeist auf dem Hofe und die prachtvolle Aussicht bewundert".

WER / WO / WAS

Hof Nürnberg

Weingut und Gaststätte
Familie Becker
65201 Wiesbaden-Frauenstein
Tel. 0611 421626

www.hof-nuernberg.de

Öffnungszeiten
Mitte Februar bis Mitte November,
Montag bis Mittwoch,
Freitag bis Sonntag ab 11 Uhr

DER GOETHESTEIN

in der Nähe von Hof Nürnberg, auch über die Straße mit Namen Zum Goethestein zu erreichen, ist eine dreizehneinhalb Meter hohe Pyramide aus Steinen, die aus dem Steinbruch in der Nähe stammen, in dem Goethe geologische Forschungen betrieb. Die Inschrift auf der Pyramide sagt:

„Als Goethe 1815 das zweite Mal zur Kur in Wiesbaden weilte, machte er mit Freunden am 6. Juli auch einen Ausflug zum Spitzen Stein und zum Nürnberger Hof. Es war ein Aufenthalt, der den Ästheten und Wissenschaftler in ihm zufriedenstellte. Der Dichter rühmte die schöne Aussicht, und der Geologe untersuchte mit Interesse den Quarzit des Berges auf Kupfer- und Eisenspuren. Kaum weniger aber dürfte seine Aufmerksamkeit der liebreizenden Philippine Lade (1797 bis 1879) gegolten haben, deren künstlerisches Talent er schätzte."

Zum 100. Todestag des Dichters wurde der Stein am 22. März 1932 errichtet, eingedenk der Worte Goethes, als er 33 Jahre zählte: „Diese Begierde, die Pyramide meines Daseins, deren Basis mir aufgegeben und gegründet ist, so hoch als möglich in die Luft zu spitzen, überwiegt alles andere."

Der Stein verschweigt, dass der 65-jährige Goethe in den Weinberg fiel und weggetragen werden musste. Und das kam so:

Philippine zeichnete die Landschaft, und Goethe, der auch gern zeichnete, bemäkelte ihr Bild. Schnippisch entgegnete die liebreizende Maid: „Ihr mögt mir im Zeichnen überlegen sein, beim Davonlaufen aber nicht." Philippine rannte leichtfüßig den Weinberg hinauf, Goethe stürmte hinterher. Doch die Begeisterung für das junge und schöne Mädchen verlieh dem Dichter keine Flügel. Er stürzte schmählich.

ELTVILLE MIT MARTINSTHAL, RAUENTHAL, ERBACH UND HATTENHEIM

WEIN, SEKT, ROSEN UND DRUCKKUNST

Wer von Osten, von Wiesbaden her nach Eltville kommt, nicht einen Bogen auf der B42 um die Stadt macht, gelangt über Schierstein und das Weindorf Walluf am Rhein entlang nach Eltville. Das ehemalige Alta Villa hieß auch einmal Ellfeld, wie es Goethe manchmal nennt.

Wer sich auf dem Leinpfad, auf dem früher Pferde an Leinen die Schiffe rheinaufwärts zogen, der Stadt zu Fuß oder mit dem Fahrrad nähert, kommt zu einer Burg, die rechts des Wegs am Rand der Stadt aufragt.

DIE BURG CRASS

mit ihrem roten Turm war ein Adelssitz und wurde um das Jahr 1080 als abgabenfreier „Freyhof" außerhalb der Stadtmauern erbaut. Immer wieder verändert und umgebaut, diente die Burg im 19. Jahrhundert als Gasthof, ist heute ein Restaurant und Veranstaltungsort. Im Sommer sitzen die Radler, Spaziergänger und anderen Gäste gern im Garten unter den Platanen, schauen auf den Fluss mit seinen Schiffen, auf die Menschen auf dem Leinpfad, der direkt an der Burg vorbeiführt. Sie speisen fein und trinken einen Rheingauer Wein oder einen Eltviller Sekt. Burg Crass ist der Sektmanufaktur Schloss Vaux zugehörig. Geöffnet sind Restaurant Freyhof und der Platanengarten täglich von 12 bis 22 Uhr. www.burgcrass.de

DIE KURFÜRSTLICHE BURG

mit ihrem weißen Turm steht nahebei. Die Burg wurde ab 1330 errichtet, diente den Mainzer Erzbischöfen, die zugleich Kurfürsten waren, als Residenz.
1465 holte Kurfürst Adolf II. von Nassau den berühmten Erfinder der Druckkunst

mit beweglichen Lettern, Johannes Gutenberg, als Hofmann nach Eltville, der eine Rente über Korn, Wein und Kleidung erhielt. Mit Gutenbergs Hilfe eröffneten die Eltviller Brüder Bechtermünz eine Druckerei.
Im Dreißigjährigen Krieg wurde die Burg 1635 bis auf den Wohnturm zerstört. Der Ostflügel wurde wieder aufgebaut. Innerhalb der Gräben und Burgmauern sind die Rosengärten frei zugänglich – von April bis September täglich ab 9.30 Uhr, von Oktober bis März täglich ab 10 Uhr.
Im Burgturm sind die Tourist-Information, der Burgladen mit seinem großen Angebot, die Gutenberg-Gedenkstätte und die Aussichtsplattform zu besuchen.

WER / WO / WAS

Kurfürstliche Burg
Burgstraße 1
65343 Eltville am Rhein
Tel. 06123 90980

www.eltville.de

Öffnungszeiten
April bis Oktober
Montag, Dienstag, Donnerstag, Freitag
10 bis 13 Uhr,
Montag bis Donnerstag 14 bis 17 Uhr,
Freitag 14 bis 18 Uhr,
Samstag, Sonntag, Feiertag 10 bis 18 Uhr,
November bis März
Montag, Dienstag, Donnerstag, Freitag
10 bis 13 Uhr,
Montag bis Freitag 14 bis 17 Uhr,
Samstag, Sonntag 11 bis 15 Uhr

DIE ELTVILLER ROSEN

blühen ab Anfang Juni um die Kurfüstliche Burg, an der Rheinpromenade und in der Altstadt. Eltville ist von der Gesellschaft Deutscher Rosenfreunde zur Rosenstadt erklärt worden. Rosenliebhaber aus Eltville und Hiroshima pflegen eine tief empfundene Freundschaft; in Eltville blühen japanische Rosen, in Hiroshima Eltviller Zuchtrosen.
Die Eltviller Rosentage werden im Juni gefeiert. Etwa 22.000 Rosenstöcke in 350 Sorten duften betörend und leuchten in vielen Farben bis zum Herbst.

DER RUNDGANG DURCH DIE ALTSTADT

mit Hilfe eines Faltblatts mit Altstadtplan, erhältlich bei der Tourist-Information, führt vom ältesten Rathaus der Stadt, im Jahr 1513 erbaut, das an der Grabengasse/Ecke Schmittstraße steht, die Leergasse hinunter zum Rhein. In dieser Gasse ist der Sohlern'sche Hof zu sehen. Matheus Müller erwarb 1811 dieses Anwesen für seine Weinhandlung. Ab 1837 produzierte er hier auch als einer der ersten deutschen Hersteller den schäumenden Sekt. Heute, wo die Rheingauer Straße in die Erbacher Straße übergeht, ist die Matheus Müller Sektkellerei GmbH, die zur bekannten Rotkäppchen-Firmengruppe gehört, am Matheus-Müller-Platz 1 ansässig.
www.mm-extra.de

TIPP

Der Weinprobierstand an der Rheinpromenade ist von Ende März bis Oktober geöffnet –
Montag bis Freitag ab 16 Uhr, Samstag ab 15 Uhr, Sonntag ab 11 Uhr.

Kirche St. Peter und Paul

Am Platz von Montrichard an der Rheinpromenade öffnet sich das Martinstor, das einzige erhaltene Stadttor, zur Martinsgasse, die hoch zum Marktplatz führt.
Am Platz/Ecke Rosengasse ist das Haus Rose zu sehen, das erstmals 1480 erwähnt wurde. Im früheren Gasthaus war Goethe 1814 eingekehrt. Der Dichter über Eltville: „Und so, in freier, umhügelter, zuletzt nordwärts von Bergen umkränzter Fläche liegt Ellfeld, gleichfalls nah am Rheine, gegenüber einer großen bebauten Aue. Die Türme einer alten Burg sowie der Kirche deuten schon auf eine größere Landstadt, die sich auch inwendig, durch ältere, architektonisch verzierte Häuser und sonst auszeichnet."

DAS SCHLOSS VAUX

ist ein stattlicher Klinkerbau mit gotischen Stilelementen am Rand der Kernstadt; er stammt aus dem 19. Jahrhundert. 1868 war die Gründung der Sektkellerei in Berlin erfolgt. In den 1880er Jahren erwarb die Kellerei das Château Vaux an der Mosel in der Nähe von Metz. Von hier übersiedelte die Sektmanufaktur in die Rosen- und Sektstadt Eltville.

ELTVILLE

WER / WO / WAS

Sektmanufaktur Schloss VAUX AG

Kiedricher Straße 18a
65343 Eltville am Rhein
Tel. 06123 6206

www.schloss-vaux.de

Kontorverkauf
Montag bis Freitag 8 bis 18 Uhr,
Samstag 10 bis 14 Uhr
Sektproben nach Vereinbarung

Hier entstehen – aus handverlesenen Trauben – Edelsekte in klassischer Flaschengärung. Es sind feine Rebsorten-Cuvées und edle Rheingauer Lagensekte.

MARTINSTHAL

Das bekannte Weindorf ist ein Teil von Eltville. Über die Schwalbacher Straße ist der Weg von der Kernstadt Eltville nicht weit. Auch wer von der B42 bei Walluf auf die B260 wechselt, kommt nach Martinsthal. Schon von Weitem grüßt das Weingut auf dem Nonnenberg.

TIPP

Der Weinprobierstand in Martinsthal ist von der Hauptstraße über die Lehrstraße zu erreichen und ist von Mai bis Anfang Oktober geöffnet – Freitag und Samstag ab 17 Uhr, Sonntag ab 11 Uhr.

RAUENTHAL

Der Ort schließt sich nach Norden an Martinsthal an. Es ist ein Höhendorf, das zu Eltville gehört. Der Turm der katholischen Kirche St. Antonius ragt über dem Ort auf. Die sehenswerte Kirche wurde von 1468 bis 1491 erbaut.

Ein beliebtes Ausflugsziel ist die Bubenhäuser Höhe mit ihren 268 Metern, von wo sich weite Blicke über den Rheingau ergeben.

> **TIPP**
>
> Der Weinprobierstand an der Weinbergstraße, die zur Bubenhäuser Höhe führt, ist von März bis November geöffnet – Mittwoch bis Freitag ab 16 Uhr, Samstag ab 15 Uhr, Sonntag ab 13 Uhr.

ERBACH

Dieser Stadtteil von Eltville liegt direkt am Rhein und schließt sich im Westen an die Kernstadt an. Zwischen dem Draiser Hof im Osten und Schloss Reinhartshausen im Westen erstreckt sich der Ort, wegen des Weins und der Erdbeeren berühmt. Goethe: „Erbach ist, wie die übrigen Orte, reinlich gepflastert, die Straßen trocken, die Erdgeschosse bewohnt und, wie man durch die offenen Fenster sehen kann, reinlich eingerichtet."

DER DRAISER HOF

wurde 1141/1142 von Zisterziensern des Klosters Eberbach gegründet. Nach der Säkularisation 1803 kaufte der Freiherr von Bodelschwingh-Plettenberg 1818 das Gut. Seine Urenkelin heiratete den Freiherrn zu Innhausen und Knyphausen, deren Urenkel ist Gerko Freiherr zu Innhausen und Knyphausen, der Riesling-Baron, der mit Elan und Engagement neue Qualitätsmaßstäbe gesetzt hat.

Die „Herrlichkeit Knyphausen" war einst ein kleiner souveräner Staat in Ostfriesland. Heute ist es eine wunderschöne Stätte für Feste, Veranstaltungen und Tagungen in der historischen Kelterhalle und im Gewölbekeller. Und manchmal tritt der bekannte Liedermacher Gisbert von Knyphausen im Draiser Hof auf.

Im Gästehaus gibt es gemütliche Gästezimmer. Und selbstverständlich hat die Herrlichkeit Knyphausen einen gut sortierten Weinladen, in dem es nicht nur Wein und Sekt gibt.

WER / WO / WAS

Herrlichkeit Knyphausen

Draiser Hof
Erbacher Straße 28
65346 Eltville-Erbach
Tel. 06123 7907111

www.baron-knyphausen.de

Öffnungszeiten Weinladen
Montag bis Freitag 14 bis 19 Uhr,
Samstag und Sonntag 10 bis 16 Uhr
und bei Veranstaltungen,
ausgenommen sind Feiertage

TIPP

Der Weinprobierstand in Erbach beim Parkplatz Rheinallee ist von April bis Oktober geöffnet – Freitag und Samstag ab 17 Uhr, Sonntag ab 11 Uhr.

DAS SCHLOSS REINHARTSHAUSEN

ist ein Weingut und ein Luxushotel, eine Vinothek und eine Schloss-Schänke. Das Anwesen am Rheinufer erstreckt sich an der Hauptstraße 41 gegenüber der imposanten katholischen Pfarrkirche St. Markus, die im 16. Jahrhundert erbaut und im 18. Jahrhundert erweitert wurde.

Schloss Reinhartshausen, wozu auch die Rheininsel Mariannenaue mit ihren Rebstöcken gehört, entstand aus einem Herrenhaus des 18. Jahrhunderts. Der Schlosshof und die Kelterhalle dienen

vielerlei Veranstaltungen, bei denen manchmal Überfahrten zur Mariannenaue durchgeführt werden.
www.schloss-reinhartshausen.com

HATTENHEIM

Der westlichste Teil Eltvilles ist etwa fünf Kilometer von der Kurfürstlichen Burg entfernt.

Die Hattenheimer Burg entstand um das Jahr 1100 als Turmburg der Herren von Hattenheim. 1411 gelangte die Burg in den Besitz des Freiherrn Langwerth von Simmern. Die Freiherren-Familie zog 1711 nach Eltville, die Burg stand leer und verfiel. Der Burg- und Verschönerungsverein kümmert sich um das Bauwerk. Burg und Burghof dienen heute Festen und vielerlei Veranstaltungen.

Um die Burg entstand der Ort Hattenheim. Bei einem Bummel durch die Gassen sind die kunstvollen Fachwerkhäuser zu bestaunen. Eines der Häuser am Marktplatz ist das traditionsreiche Weinhaus Zum Krug, es ist Weingut, Restaurant und Hotel.
www.hotel-zum-krug.de

TIPP

Der Weinprobierstand in Hattenheim in der Rheinanlage ist von April bis Oktober geöffnet – Montag bis Freitag ab 17 Uhr, Samstag ab 15 Uhr, Sonntag ab 11 Uhr.

DAS KRONENSCHLÖSSCHEN

ist nur durch die Riesling Route, die B42, vom Rheinufer getrennt. Das romantische Schlösschen wurde Mitte des 19. Jahrhunderts für einen Galeristen aus Frankfurt erbaut. 1990 erwarb Hans B. Ullrich das marode Bauwerk und ließ es von Grund auf sanieren und renovieren. Nun ist das Kronenschlösschen eines der schönsten Landhotels Deutschlands.

Die Küche wurde mit einem Michelin-Stern ausgezeichnet. Andere Auszeichnungen loben die „Beste Weinkarte Deutschlands", „Beste Riesling-Weinkarte" und „Deutschlands schönste Restaurant-Terrasse". Im Bistro kommen traditionelle Gerichte, neu und modern interpretiert, auf den Tisch. Im Café werden feine Kuchen, köstliche Torten und andere Leckereien serviert.

Im Kronenschlösschen findet jedes Jahr das legendäre Rheingau Gourmet & Wein Festival statt.

WER / WO / WAS

Kronenschlösschen
Hotel & Restaurant
Rheinallee 1
65347 Eltville-Hattenheim
Tel. 06723 640

www.kronenschloesschen.de

Öffnungszeiten Restaurant
Montag bis Samstag 18.30 bis 22 Uhr,
Sonn- und Feiertag 12.30 bis 14 Uhr
und 18.30 bis 22 Uhr

Bistro
Montag bis Sonntag 12.30 bis 14 Uhr
und 18.30 bis 22 Uhr

DAS GOTISCHE WEINDORF KIEDRICH
ST. VALENTIN UND DER WEINBERG DER EHE

Kiedrich liegt nördlich von Eltville und ist auf der Kiedricher Straße, die von der Erbacher Straße abzweigt, nach drei Kilometern erreicht. Kiedrich ist die größte Hanggemeinde im Rheingau und wurde erstmals im Jahr 954 erwähnt. Der Ort hatte das Glück, nie von Krieg oder Feuersbrunst heimgesucht zu werden. So blieb der historische Ortskern erhalten. Der Mittelpunkt Kiedrichs ist der Marktplatz zwischen der Basilika St. Valentinus, dem Rathaus und dem Weinhaus Engel.

ST. VALENTINUS

heißt die katholische Pfarrkirche, die an der Stelle eines älteren romanischen Gotteshauses ab 1300 in gotischem Stil erbaut und dem heiligen Valentin geweiht wurde. Allerdings kennt der katholische Glaube vier Heilige dieses Namens. Der eine war Bischof in Terni, Wunderheiler und wurde im Jahr 273 als Märtyrer enthauptet. Die anderen Valentine waren ein Wanderbischof aus dem 5. Jahrhundert, ein Priester, der ein blindes Mädchen geheilt hatte, und schließlich ein Mönch und Gärtner, der die Vorübergehenden mit Blumen beschenkt hatte. Der Tag des Heiligen, der auch Patron der Liebenden ist, wird am 14. Februar gefeiert. Nach einer alten

KIEDRICH 63

Meinung ist der Valentinstag der Tag, an dem sich die Vögel beginnen zu paaren.
Ab 1460 wurde die Kiedricher Kirche in spätgotischem Stil erweitert. Das ehrwürdige Inventar aus der Zeit um 1500 ist zum größten Teil erhalten geblieben.
Die älteste spielbare Orgel Deutschlands aus der Zeit um 1500 ertönt bei den Gottesdiensten. Sonntags um 9.30 Uhr wird das traditionelle Choralhochamt mit den Kiedricher Chorbuben veranstaltet.
Benachbart erhebt sich die gotische Michaelskapelle, erbaut von 1434 bis 1444. Von der Außenkanzel wurde an den Wallfahrtstagen zu den Scharen der Wallfahrer gepredigt.

DAS RATHAUS

entstand 1585/86 und ersetzte das alte Rathaus von 1393. Über dem Eingang ist das Wappen Kiedrichs zu sehen, der Turm der Burg Scharfenstein mit dem Mainzer Doppelrad und der schöne Spruch zu lesen: „Halleluja et vinum Kideraci" – Lobet Gott und den Kiedricher Wein.
Im Standesamt werden Ehen geschlossen, die zum Weinberg der Ehe führen. Das Fremdenverkehrsamt im Rathaus erteilt gern Informationen und vermittelt Orts- und Kirchenführungen.

WER / WO / WAS

Fremdenverkehrsamt
Rathaus
Marktstraße 27
65399 Kiedrich
Tel. 06123 905010
www.kiedrich.de

Gasthaus Engel und Valentinsbrunnen

DAS GAST- UND WEINHAUS ENGEL

Den Kiedricher Wein zu loben gibt es viele Möglichkeiten. Zum Beispiel im Engel, platziert zwischen St. Valentinus und Rathaus in der Marktstraße 29. Teile des Hauses stammen aus dem Jahr 1297, die Jahreszahl 1681 am Torpfosten weist auf den späteren Ausbau zu einem prächtigen Fachwerkbau hin.
www.weinhausengel-kiedrich.de

Aus dem Valentinsbrunnen auf dem Marktplatz sprudelt Wasser, kein Wein. Hier trinken und baden die Vögel, die Kinder plitschen und platschen. Der schöne neue Marktbrunnen von 1977, ein Werk des Karl Matthäus Winter aus Limburg, ist mit Trauben geschmückt. An der Spitze des Brunnens thront St. Valentin über den Kiedricher Chorknaben. Zu den Figuren zählt ein Weintraubenträger, ein Liebespaar, ein neugieriger Spanner und ein Mann, der wohl nach dem Genuss von Wein Wasser lassen muss.

TIPP

Der Weinprobierstand ist über den Mühlweg/Mühlberg am unteren Teil der Bergchaussee, die zur Burgruine Scharfenstein führt, zu erreichen und von Mitte April bis Ende Oktober geöffnet – Donnerstag und Freitag 17 bis 22 Uhr, Samstag 14 bis 22 Uhr, Sonn- und Feiertag 14 bis 22 Uhr.

DER WEINBERG DER EHE

erstreckt sich nordöstlich von Kiedrich unterhalb des Turms der Burgruine Scharfenstein. Die Burg, um 1160 erbaut, war Wohn- und Dienstsitz der reichen adeligen Scharfensteiner, die hier im Auftrag der Kurmainzer Erzbischöfe residierten.

Der Weinberg der Ehe steht wie die Liebenden unter dem Schutz von St. Valentin. Paare, die im Kiedricher Standesamt die Ehe schließen, erhalten die Heiratsurkunde zusammen mit der Besitzurkunde über einen Rebstock im Weinberg der Ehe. Seit der Einweihung dieses Weinbergs im Jahr 1976 sind weit mehr als 1500 Rebstöcke an liebende Paare vergeben worden. Alle zwei Jahre werden die Paare, die einen nummerierten Rebstock im Weinberg der Ehe besitzen, zum Kiedricher Rieslingfest eingeladen. Aus aller Welt kommen die Paare, die noch glücklich miteinander sind, feiern ihre Liebe und loben den Wein.

Weingut Münz-Albus

Burg Scharfenstein über dem Weinberg der Ehe

KLOSTER EBERBACH UND STEINBERG
DER NAME DER ROSE UND DER GESCHMACK DES WEINS

In der Gemarkung Eltville, etwa drei Kilometer nördlich von Hattenheim, drei Kilometer westlich von Kiedrich, liegt die Abtei Eberbach. Die Wege sind ausgeschildert. Vom Eltviller Bahnhof fährt stündlich ein Bus der Linie 172 zum Kloster.

DIE ZISTERZIENSERABTEI EBERBACH
im Tal des Kisselbachs und des Eberbachs folgte auf eine Siedlung, in der seit 1116 Augustiner-Chorherren vorherrschend waren. Ab 1131 ließen sich hier Benediktiner nieder. Der Aufschwung begann 1136 mit dem Einzug der Zisterzienser, eines benediktinischen Reformordens, begründet vom Abt Bernhard von Clairvaux. Die Zisterzienser waren Spezialisten für Acker- und Weinbau.

Das Kloster wurde zum größten Weingut in Deutschland. 1803 wurde durch die Säkularisation die Abtei aufgehoben und das Anwesen gelangte in den Besitz von Fürst Friedrich August von Nassau-Usingen. Preußen annektierte 1866 Nassau, Kloster Eberbach geriet unter preußische Verwaltung, der Weinbau wurde fortgeführt.

1946 ging die Klosteranlage in den Besitz des Landes Hessen über. Seit 1998 gehört das Kloster einer gemeinnützigen Stiftung öffentlichen Rechts. Seit 2003

KLOSTER EBERBACH

ist das Weingut Teil des Unternehmens Hessische Staatsweingüter GmbH Kloster Eberbach – wie auch andere Weingüter zum Beispiel in Assmannshausen oder an der Bergstraße.

DER RUNDGANG

durch das Kloster beginnt am Besuchereingang und an der Kasse im ehemaligen Neuen Krankenhaus. Der Kreuzgang um den Kreuzgarten verbindet den Kapitelsaal, das Mönchsrefektorium, die Basilika, die nicht mehr als Gotteshaus dient, und die Fraternei, im Obergeschoss den Bibliothekssaal, das Abteimuseum und das Mönchsdormitorium.

Im einstigen Hospital mit gesondertem Eingang befinden sich Klosterladen und Vinothek. Hier ist täglich von 10 bis 18 Uhr geöffnet und kein Eintritt zu zahlen, aber gern geben die Besucher für Wein und vielfältige Artikel wie Bücher, Filme, Kunsthandwerk und Souvenirs Geld aus.

WER / WO / WAS

Kloster Eberbach
65346 Eltville am Rhein
Tel. 06723 9178
www.kloster-eberbach.de

Öffnungszeiten
April bis Oktober täglich 10 bis 18 Uhr,
November bis März täglich 11 bis 17 Uhr

Die Architektur und die Geschichte des Klosters erschließt sich am besten während der Führungen. Die Regelführungen für Einzelpersonen bedürfen keiner Anmeldung und werden von April bis Oktober am Freitag um 15 Uhr, am Sams-, Sonn- und Feiertag um 11, 13 und 15 Uhr durchgeführt; von November bis März am Sams- und Sonntag um 14 Uhr.

Spezielle Führungen für Kinder gibt es jeden ersten Sonntag im Monat, zudem Themenführungen für Kinder.

Wer sich unabhängig von Terminen sachkundig einer Führung anvertrauen möchte, unternimmt eine Audioführung.

Individuelle Gruppenführungen können gebucht werden.

Einmalig sind die genussreichen Weinführungen, in denen sich die Weinkultur der Zisterzienser mit ihrer Architektur und Geschichte verbindet. Es gibt offene Weinproben für Einzelpersonen und kleine Gruppen – zum Beispiel offene Schlenderproben, Cabinettkellerproben, diverse musikalische Schlenderproben; zudem Gruppenführungen und besonders atmosphärische Nachtveranstaltungen. Auskünfte zu diesen Weinführungen und Weinproben werden telefonisch und an der Klosterkasse erteilt.

PORTA PATET – COR MAGIS

lautet der Wahlspruch der Zisterzienser: Die Tür steht offen – mehr noch das Herz. Gemäß dieser Losung tischt das Restaurant „Klosterschänke" seine Köstlichkeiten auf. Das Restaurant, etwas abseits und oberhalb des Klosters gelegen, ist täglich von 11.30 bis 22 Uhr geöffnet (Tel. 06723 9930). Im Sommer genießen die Gäste die Speisen, den Wein und andere Getränke auf der großen Terrasse. Das Bistro im Pfortenhaus am Westeingang ist von Ostern bis zum 15. Oktober geöffnet – von Mittwoch bis Sonntag von 10 bis 19 Uhr.

Einige Schritte von der Klosterschänke entfernt, am kleinen Prälatengarten vorbei, erstreckt sich das Gästehaus. Dieses Gebäude aus dem 16. Jahrhundert war früher eine Mühle und Scheune, dient heute als Hotel (Tel. 06723 993200).

Südlich der Basilika und der anderen Klostergebäude liegt der schöne große Garten mit der Orangerie. Skulpturen, Schöpfungen von Künstlerinnen und Künstlern der Gegenwart, schmücken die Grünanlage, die zum Spazieren und Verweilen einlädt.

Das besondere Ambiente von Kloster Eberbach wird gern für Veranstaltungen genutzt. Verschiedene Räume und Säle bieten Platz für zehn bis tausend Personen, zu privaten Festen und Feiern und zu geschäftlichen Tagungen und Kongressen. Konzerte, Lesungen, Messen, Medienpräsentationen und große Veranstaltungen zum Wein finden hier statt.

Früher war Kloster Eberbach eine Stätte der christlichen Nächstenliebe und der Liebe zu Gott. Heute ist es ein Ort der freudigen und lustvollen irdischen Liebe. Im Kloster gibt es eine Außenstelle des Standesamts Eltville. Räume für die Feier gibt es zu Genüge, die Klostergastronomie serviert feine Speisen, aus dem Weinkeller kommen Wein und Sekt, das Gästehaus hat Hotelzimmer. Der Hochzeitsservice des Klosters (Tel. 06723 9178211) organisiert bestens das große Ganze und die Details. Nur um die schöne Hochzeitsnacht müssen sich die Liebenden selbst kümmern.

DER NAME DER ROSE

ist der Name eines Romans von Umberto Eco von 1980. Dieser Mittelalterkrimi wurde mit Sean Connery verfilmt. Die meisten Innenaufnahmen wurden im Kloster Eberbach aufgenommen.

VISION – AUS DEM LEBEN DER HILDEGARD VON BINGEN

ist ein Film aus dem Jahr 2009, der die Geschichte der Heiligen erzählt (siehe Seite 100). Die Regie der deutsch-französischen Koproduktion hatte Margarethe von Trotta. In der Titelrolle überzeugt Barbara Sukowa. Viele Innenszenen wurden in der Basilika, in deren Altarraum und im Kapitelsaal von Kloster Eberbach gedreht.

DER STEINBERG UND DER STEINBERGKELLER

Etwa 800 Meter vom Kloster Eberbach auf einer kleinen Straße nach Süden stehen in der Weinlage Steinberg das große alte Fachwerkhaus des Weinguts und der neue Steinbergkeller, der von 2006 bis 2008 erbaut worden ist. Die Domäne Steinberg gehört zu Kloster Eberbach und ist ein Hessisches Staatsweingut.

Ein Wein-Informations-Pfad führt durch den Steinberg. Hier werden Natur und Weinbau zum Erlebnis.

Der neue Steinbergkeller hat eine Breite von 64 Metern, eine Länge von 83 Metern, eine Höhe von vier und eine Tiefe von 14 Metern, 80 Stufen führen hinab. 1,3 Millionen Flaschen können hier gelagert werden, das Tankvolumen der 270 Tanks beträgt 1,8 Millionen Liter, die 40 Fässer haben ein Gesamtvolumen von 80.000 Litern. Bis 140.000 Kilogramm Trauben können pro Tag verarbeitet werden.

Das imposante Bauwerk kann bei einer sachkundigen Führung erlebt werden, die etwa eine Stunde dauert und bei der drei hochkarätige Weine probiert werden.

DIE REGELFÜHRUNGEN

werden vom 1. April bis 31. Oktober an den Samstagen, Sonntagen und Feiertagen um 13 und 15 Uhr durchgeführt, vom 1. November bis 31. März an den Sonntagen um 14 Uhr, außer in den Weihnachtsferien. Gruppenführungen gibt es nach Anmeldung, Tel. 06123 909835.

TIPP

Ein kleines Stück Wegs vom Keller entfernt steht im Steinberg das Schwarze Häuschen. Bänke und Tische laden davor ein, kleine Speisen und feine Weine, den Blick über den Weinberg und das Rheintal zu genießen. Das Schwarze Häuschen ist geöffnet vom 1. April bis zum 31. Oktober, aber nur bei gutem Wetter – Freitag 15 bis 20 Uhr, Samstag, Sonntag und Feiertag 11 bis 20 Uhr.

OESTRICH-WINKEL MIT HALLGARTEN

DIE ROMANTIKER UND DIE SCHRÖTERMADONNA

Oestrich-Winkel besteht aus drei Stadtteilen am Rhein. Im Osten liegt Oestrich, im Westen Winkel, in der Mitte Mittelheim. Goethe: „Östrich in einiger Entfernung vom Wasser, auf ansteigendem Boden, liegt sehr anmutig: denn hinter dem Orte ziehen sich die Weinhügel bis an den Fluss, und so fort bis Mittelheim, wo sich der Rhein in herrlicher Breite zeigt. Langenwinkel folgt unmittelbar; den Beinamen des Langen verdient es, ein Ort bis zur Ungeduld des Durchfahrenden in die Länge gezogen, Winkelhaftes lässt sich dagegen nichts bemerken."

WER / WO / WAS

Tourist-Information Oestrich-Winkel

im advena Hotel & Restaurant Jesuitengarten
Hermannstraße 6
65375 Oestrich-Winkel
Tel. 06723 6012806
www.oestrich-winkel.de

OESTRICH

Inzwischen ist Oestrich längst an den Rhein herangerückt. Der Ort beginnt im Osten mit Schloss Reichartshausen, „ehemaliges Klostergut, jetzt der Herzogin von Nassau gehörig", wie Goethe weiß. Der romantisch anmutende ruinierte Turm ist kein Relikt des Mittelalters. Er wurde 1894 in romantischer Laune erbaut. Heute dient

OESTRICH-WINKEL

das Schloss der privaten EBS European Business School.

DER OESTRICHER KRAN

ist das Wahrzeichen der Stadt. Der Leinpfad am Rhein führt direkt am Kran vorbei. Der Platz am Kran ist vom Regionalpark RheinMain neu gestaltet worden. Kisten und Fässer zeigen an, dass hier Wein und andere Waren verladen wurden. Tische und Bänke laden zu Rast und fröhlichem Verweilen ein. Der Strom wird hier auch Inselrhein genannt. Von der Insel Maaraue bei Wiesbaden bis zur Rüdesheimer Aue liegen zwölf große und kleine Inseln im Rhein.

Die Oestricher Krantage finden von April bis Oktober an jedem ersten Wochenende im Monat am Samstag und Sonntag von 13 bis 17 Uhr statt; Rheingau-Gästebegleiter laden zur kostenlosen Besichtigung des Krans ein, der 1745 erbaut wurde und bis 1926 in Betrieb war.

TIPP

Der Weinprobierstand in Oestrich auf dem Grünstreifen zwischen B42 und Rheinallee an der Unterführung zum Oestricher Kran ist vom 1. April bis 31. Oktober geöffnet – Dienstag bis Donnerstag ab 17 Uhr, Freitag oft früher. Am Sonntag und Feiertag ab 13 Uhr.

MITTELHEIM

Das ist der mittlere Stadtteil von Oestrich-Winkel. Hier steht auch das älteste Rathaus der Stadt, ein steinernes Gebäude aus dem Jahr 1504 an der Rheingaustraße, der B42a. Wer an Mittelheim vorbeifährt – mit dem Schiff oder auf der B42, der Riesling Route – sieht in Ufernähe über den Rebstöcken die altehrwürdige Basilika aufragen. Es lohnt, das Bauwerk in Augenschein zu nehmen. Vom Rheinweg, der parallel zur B42 verläuft, oder vom alten Rathaus ist die Basilika schnell zu erreichen.

TIPP

Der Weinprobierstand Mittelheim und Winkel auf der Rheinwiese bei der Fähre nach Ingelheim ist von Anfang April bis 31. Oktober geöffnet – Montag, Freitag, Samstag ab 16 Uhr, Sonn- und Feiertag ab 11 Uhr.

DIE BASILIKA ST. ÄGIDIUS

wurde an der Stelle einer Kapelle aus dem 10. Jahrhundert in den Jahren 1118 bis 1131 erbaut. Die große dreischiffige Kirche in romanischem Stil ist dem heiligen Ägidius geweiht, dem viele Wunder bis zu seinem Tod im Jahr 721 zugeschrieben wurden und der zu den 14 Nothelfern zählt.

WINKEL

Dieser Stadtteil schließt sich direkt an Mittelheim an. Der Rheinweg parallel zur B42 bietet die Möglichkeit, nach Winkel hineinzugelangen. In der Graugasse, in der es Parkplätze gibt, steht das Graue Haus, das lange Zeit als ältestes Steinhaus in Deutschland galt und als Wohnhaus des Klerikers und Gelehrten Hrabanus (auch: Rhabanus) Maurus (um 780 bis 856), der seit 847 Erzbischof von Mainz war.

Goethe: „Sodann zu der verfallenen, in ein Winzerhaus verwandelten Kapelle des heilige Hrabanus. Sie soll das erste Gebäude in Winkel gewesen sein; alt genug scheint es." Wahrscheinlich wurde das Haus im 11. Jahrhundert erbaut: Es diente der Familie Greiffenclau bis 1330 als Stammsitz. Vor einigen Jahren war das Graue Haus ein Restaurant, nun wird es von der Bochmann-Stiftung als Begegnugsstätte für ältere Menschen eingerichtet.
Die Graugasse führt hinauf zur Hauptstraße.

WER / WO / WAS

Weingut Johannes Ohlig
Haus Zehntenhof KG
Hauptstraße 68
65375 Oestrich-Winkel
Tel. 06723 2012

www.weingut-ohlig.de

Fraund's Zehntenhofschänke
www.thomas-fraund.de

DAS WEINGUT JOHANNES OHLIG

gilt als eines der besten Weingüter Deutschlands, von denen es viele im Rheingau gibt. Ein stattlicher Torbogen öffnet den Weg ins Weingut, das hier im Zehntenhof ansässig ist. Neben der Vinothek ist auch Fraund's Zehntenhofschänke zu besuchen. Das Motto von Fraund für seine regionale und saisonale Küche: „frisch – frappant – Fraund's."

DAS BRENTANOHAUS

steht am westlichen Rand von Winkel neben der Hauptstraße. 1751 errichtet, kam das Haus 1804 als Sommerresidenz in den Besitz der Frankfurter Kaufmannsfamilie Brentano, die ursprünglich aus Italien stammte. In dem gastlichen Haus lernte Bettine Brentano den Dichter Achim von Arnim kennen, verliebte sich und heiratete ihn. Achim war ein Freund ihres Bruders Clemens; beide waren Dichter und wesentliche Mitbegründer der Rheinromantik.

Gäste im Brentanohaus waren auch die Dichterin Karoline von Günderrode, die Brüder Grimm, die Sprachwissenschaftler und Märchensammler, und der dritte Grimm-Bruder, der Maler Ludwig Emil. Und Goethe, der die Familie Brentano von Frankfurt und Offenbach kannte, war hier, und seinen Bericht „Im Rheingau Herbsttage" beginnt er so:

„Das lebendige Schauen der nunmehr zu beschreibenden Örtlichkeiten und Gegenstände verdanke ich der geliebten wie verehrten Familie Brentano, die mir an den Ufern des Rheins, auf ihrem Landgute zu Winkel viele glückliche Stunden bereitete. Die herrliche Lage des Gebäudes lässt nach allen Seiten die Blicke frei, und so können auch die Bewohner, zu welchen ich mehrere Wochen mich dankbar zählte, sich ringsumher, zu Wasser und zu Land, fröhlich bewegen. ... Mögen deshalb diese Blätter wenigstens meinem Gefühl an jenen unschätzbaren

WER / WO / WAS
IIIIIIIIIIIIIIIIIIIIIIIIIIIIIIIIII
Brentanohaus
Am Lindenplatz 2
65375 Oestrich-Winkel
Tel. 06723 2068

www.brentanohaus.de

Augenblicken und meinen Dank dafür treulich gewidmet sein."

Das Brentanohaus ist im Jahr 2014 vom Land Hessen übernommen worden und untersteht der Verwaltung der Staatlichen Schlösser und Gärten Hessen. Nach der aufwendigen Sanierung wird das Haus mit seinen historischen Räumen wie Goethes Schlaf- und Arbeitszimmer wieder zugänglich sein. Führungen, Lesungen und andere kulturelle Veranstaltungen werden in Zusammenarbeit der Stadt Oestrich-Winkel mit dem Freien Deutschen Hochstift stattfinden. Zum Hochstift gehören Goethe-Haus, Goethe-Museum und das neu zu errichtende Deutsche Romantik-Museum, die alle im Großen Hirschgraben zu Frankfurt ansässig sind.

KAROLINE VON GÜNDERRODE

war eine der größten deutschen Dichterinnen. Am Abend des 26. Juli 1806 stach sie sich in Winkel am Ufer des Rheins einen Dolch in die Brust. Am nächsten Morgen wurde ihre Leiche gefunden. Ihr Grab ist auf dem Friedhof der katholischen Pfarrkirche St. Walburga an der Hauptstraße in Winkel. Vor ihrem Ehrengrab rechts an der Mauer stehen immer wieder Menschen, denen das Schicksal der Günderrode zu Herzen geht. Und sie lesen mit Rührung die Inschrift auf dem Grabstein:
„Erde, du meine Mutter und du mein Ernährer der Lufthauch / Heiliges Feuer mir Freund und du o Bruder der Bergstrom / Und mein Vater der Äther ich sage euch allem mit Ehrfurcht / Freundlichen

Hrabanus Maurus Denkmal vor der Winkeler Kirche

Dank mit euch hab ich nienieden gelebt / Und ich gehe zur andern Welt euch gern verlassend / Lebt wohl denn Bruder und Freund Vater und Mutter lebt wohl."

Diese Verse auf einem Blatt Papier fanden sich in Günderrodes Zimmer, in Erinnerung an „Abschied des Einsiedlers" von Johann Gottfried Herder von ihr als Vermächtnis niedergeschrieben.

Karoline von Günderrode war an einer damals unmöglichen Liebe zerschellt.

Am 11. Februar 1780 in Karlsruhe geboren, wuchs sie nach dem Tod des Vaters in Hanau auf. In Frankfurt am Main, wo Karoline von 1797 an für zwei Jahre als Stiftsfräulein lebte, begann ihre Freundschaft mit Bettine Brentano. In Offenbach, wo Bettine lange Zeit bei ihrer Oma, der Bestseller-Autorin Sophie von La Roche wohnte, erlebten die Freundinnen glückliche Tage. Auch auf dem Hofgut Trages im Kinzigtal, nicht weit von Hanau entfernt.

Clemens Brentano, der die Dichterin umschwärmte und begehrte – „... und lägst Du nur eine Nacht in meinen Armen, so solltest Du Dir meine Liebe an Deinen warmen Brüsten ausbrüten ..." – wurde von ihr nicht erhört.

Karoline war von den Schriften des Heidelberger Historikers Friedrich Creuzer begeistert. Der war freudlos verheiratet und lebte in finanzieller Abhängigkeit von seiner Frau. Er beendete auf schroffe Art das Verhältnis mit Karoline, in Winkel erhielt sie in einem Brief davon Kenntnis. Heiteren Gemüts ging sie an den Rhein und entleibte sich.

Goethe bei seinem Aufenthalt in Winkel: „Man zeigte mir am Rheine zwischen einem Weidicht den

Ort, wo Fräulein Günderrode sich entleibt. Die Erzählung dieser Katastrophe an Ort und Stelle, von Personen, welche in der Nähe gewesen und teil genommen, gab das unangenehme Gefühl, was ein tragisches Lokal jederzeit erregt."

WEIN.ERLEBNIS.WELT

nennt sich das Weingut Fritz Allendorf in der Kirchstraße, die bei der Kirche St. Walburga nach Norden führt. Im Georgshof am Rand der Weinberge gibt es in der Vinothek die Fülle und Vielfalt von Allendorfs Weinen: diverse trockene Weißweine, fruchtsüße, halbtrockene und saftige Weißweine, Rotweine – zum Beispiel vom Höllenberg in Assmannshausen, Roséweine; auch Roter Riesling, die Wiederentdeckung einer ursprünglichen Rebsorte, die keinen Rot-, sondern Weißwein liefert.

Judith Roßberg, Sommelière bei Allendorf: „Zurück an die Wurzel! Bei der Weinproduktion bedeutet das nicht: Wir produzieren wie vor hundert Jahren, sondern der Geschmack fängt bei der Wurzel an. Die Wurzel ist zwar hauptsächlich für die Wasseraufnahme der Rebe zuständig. Jedoch ist die Frage: Was bringt das Wasser mit? Es sind die unterschiedlichen Mineralien die verantwortlich sind für die Einzigartigkeit eines jeden Weines. Die Zusammensetzung des Bodens und dort vor allem seine Mineralien, haben einen entscheidenden Einfluss auf den Geschmack des Weines. Ob nun fruchtig, mineralisch oder nach Kräutern schmeckend. Deshalb ist der Boden, das Terroir, mit das Wichtigste für den Winzer."

Bei Allendorf gibt es weitere Köstlichkeiten

WER / WO / WAS

**Wein.Erlebnis.Welt
Weingut Fritz Allendorf**

Georgshof
Kirchstraße 69
65375 Oestrich-Winkel
Tel. 06723 91850

www.allendorf.de

Öffnungszeiten
Montag bis Freitag 8 bis 12 Uhr,
13 bis 18 Uhr,
Samstag 10 bis 16 Uhr;
zusätzliche Öffnungszeiten
während der Offenen Weinkeller
im Frühling und Herbst

zum Genießen: etwa zehn verschiedene Sekte, diverse Trester und andere Brände, der Allendorf Rheingauer Kräuterlikör ist nach einem Rezept der Hildegard von Bingen komponiert und ist eine sehr gute Medizin, andere Liköre, Weingelees, Riesling- und Spätburgunder-Schokolade; ach ja: Traubensäfte ohne einen Funken Alkohol gibt es auch.

Ein großes Veranstaltungsprogramm lockt immer wieder ins Weingut Allendorf. Weinverkostungen, Themenweinproben, Allendorfs Offener Keller & Schlemmerwochen, Weinleseseminare, Weinwanderungen; vor Weihnachten gibt es den Adventsmarkt, und der Rheingauer Advent wird mit Menü, Weinen und Musik gefeiert.

Auf Weinfesten und Weinmärkten in der Region und in Berlin ist Allendorf anzutreffen.

Im Lichtraum der Wein.Erlebnis.Welt

OESTRICH-WINKEL

Ein besonderes Erlebnis in Allendorfs Weinwelt bietet der einzigartige Lichtraum. Hier probieren die Gäste, welche Farbe in welcher Intensität auf das Wahrnehmungs- und Geschmacksempfinden wirkt. Kann allein ein Wechsel der Farbe die Stimmung und den Geschmack verändern?

TIPP

Einen eigenen Riesling-Weinstock in der Lage Winkeler Hasensprung oder einen Spätburgunder-Weinstock vom Assmannshäuser Hinterkirch kann für fünf oder zehn Jahre erworben oder verschenkt werden. Jedes Jahr kommt dann frachtfrei eine Flasche Wein vom eigenen Stock ins Haus.

HALLGARTEN

Der vierte Stadtteil von Oestrich-Winkel liegt etwa drei Kilometer nördlich von Oestrich und Mittelheim in den Weinbergen. Hallgarten hat sich seinen Charakter und seinen Charme als idyllisches Weindorf erhalten. Über dem Ort ragt die Hallgarter Zange auf, ein 500 Meter hoher Felszacken. Wegweiser an der B42 zeigen den Weg hierher. Aber der Aussichtsturm ist geschlossen und die Ausflugsgaststätte ist nicht bewirtschaftet.

DIE SCHRÖTERMADONNA

in der katholischen Pfarrkirche Mariae Himmelfahrt ist eine Sehenswürdigkeit, die Gläubige, Andersgläubige und Ungläubige gleichermaßen entzückt. Die Hallgartener Schrötermadonna blickt holdselig lächelnd auf das Jesuskind in ihrem Arm, das eine Traube in der Hand hält. In der rechten Hand trägt die Madonna einen Weinkrug aus Ton. Weil ein solcher Krug auch Scherbe genannt wird, heißt die Schrötermadonna auch Madonna mit der Scherbe. Die aus gebranntem Ton gefertigte Skulptur ist 113 Zentimeter groß, stammt aus der Zeit um 1415 und ist das Werk eines unbekannten

Künstlers. Die gotische Madonna ist von einem barocken Gehäuse umgeben.

Mit Hilfe eines Models, einer Gussform, wurde eine zweite Schrötermadonna im 15. Jahrhundert für das Kloster Eberbach hergestellt; nach der Aufhebung des Klosters gelangte diese Madonna in den Louvre von Paris.

Ein Wandbild, 1934 von Ludwig Hotter ge-

malt, schildert das Weinwunder von Hallgarten: Einem der Schröter, deren schwere Arbeit es war, die großen Weinfässer zu transportieren, fiel ein Fass vom Wagen, das zerbrach. Der Wein ergoss sich auf die Gasse. Die Madonna, Schutzpatronin der Schröter, wurde um Hilfe angefleht. Sie fügte das Fass wieder zusammen und füllte es aus ihrem Krug.

TIPP

Der Hallgartener Weinprobierstand an der Zanger Straße ist vom 1. Mai bis Anfang September geöffnet – Samstag ab 16 Uhr, Sonntag ab 14 Uhr, Montag ab 18 Uhr.

SCHLOSS VOLLRADS
WUNDERLICHER TURM UND GOETHEWEIN

Knapp drei Kilometer ist Schloss Vollrads, das auf dem Gebiet von Oestrich-Winkel liegt, von Winkel entfernt und am schnellsten über die Vollradser Allee zu erreichen. Zugleich ist das Schloss eine Station auf dem Riesling Pfad, dem Rheinsteig und dem Flötenweg, der die vier Stadtteile Oestrich-Winkels verbindet.

DER FLÖTENWEG

ist etwa zehn Kilometer lang – von Hallgarten über Schloss Vollrads bis Johannisberg. In Oestrich führt ein Teilweg vom Weinprobierstand am Rhein hinauf, in Mittelheim beginnt der Teilweg an der Basilika, in Winkel die Kirchstraße hoch; diese Teilwege sind zwischen 2,5 bis vier Kilometer lang. Vom Flötenweg gehen die Blicke weit über die Weinberge, das Rheintal bis zum linken Ufer.

Der Panoramaweg verdankt seinen Namen der typischen Rheingauer Weinflasche, die schlank und im oberen Teil geriffelt ist. In solchen Flaschen sind zum Beispiel die Weine „Junge Rheingauer" und der Goethewein abgefüllt.

TIPP

◇◇◇◇◇◇◇◇◇◇◇◇◇◇◇◇◇◇◇

Am ersten Wochenende nach Pfingsten, Samstag und Sonntag, wird das Wandererlebnis Flötenweg veranstaltet. Winzer und Weingüter längs des Flötenwegs verwöhnen die Wanderer. Der RTV-Bus 181 ist im Einsatz.

www.floetenweg.de

DAS SCHLOSS VOLLRADS

hat Goethe 1814 besucht: „Ungefähr in der Mitte von Winkel biegt man aus nach der Höhe zu, um Vollrads zu besuchen. Erst geht der Weg zwischen Weinbergen, dann erreicht man eine Wiesenfläche; sie ist hier unerwartet, feucht und mit Weiden umgeben. Am Fuß des Gebirges, auf einem Hügel, liegt das Schloss, rechts und links fruchtbare Felder und Weinberge, einen Bergwald von Buchen und Eichen im Rücken.

Der Schlosshof, von ansehnlichen Wohn- und Haushaltungsgebäuden umschlossen, zeugt von altem Wohlstande, der kleinere hintere Teil desselben ist den Feldbedürfnissen gewidmet. …

Einen wunderlichen, in einen kleinen Teich gebauten Turm gingen wir vorüber und verfügten uns in das ansehnliche Wohngebäude."

SCHLOSS VOLLRADS

Um 1330 ließ Friedrich Greiffenclau den „wunderlichen" Turm erbauen, und die Familie zog vom Grauen Haus in Winkel hier herauf. Im Lauf der Zeit war der Turm für die kinderreiche Familie zu eng geworden, neue Bauten fügten sich zu einem stattlichen Schloss neben dem Turm.

Die Greiffenclaus, wichtige Funktionäre im Reich, Vertreter des kurfürstlichen Erzbischofs zu Mainz, besetzten selbst mit Familienmitgliedern die Bischofssitze zu Mainz, Trier und Würzburg. Zugleich waren sie wichtige Weinbauern.

Hin und wieder lieferte die Familie Geschichten für eine neugierige Öffentlichkeit. Zum Beispiel als die Greiffenclaus auszusterben drohten. Da heiratete 1850 die letzte Erbtochter Sophie Reichsfreiin von Greiffenclau den schlesischen Hugo Graf Matuschka. Nicht nur Graf und Freifrau vereinten sich, auch die Namen und Wappen durften sich vereinen, was der preußische König Wilhelm I. 1862 gnädig erlaubte. Mit dem Selbstmord von Erwein Graf Matuschka-Greiffenclau endete 1977 die Familiengeschichte. Doch das Weingut erlebte neuen Aufschwung. Eine neue Gesellschaft führt das Schloss, das Weingut und die Gastfreundschaft erfolgreich fort.

DAS SCHLOSS UND DER TURM

sind außer bei Führungen und Veranstaltungen nur von außen zu besichtigen. Im früheren Kavaliershaus ist der Gartensaal mit der Terrasse Teil des Gutsrestaurants.

Für Veranstaltungen, Empfänge oder Feste öffnen sich viele Räume und Säle im Schloss wie der Greiffenclau-Saal im Obergeschoss des Kavalierhauses.

Das Herrenhaus und der anschließende Westflügel dienen Veranstaltungen. Die in die Westfront eingefügte Kapelle mit ihrem kleinen Glockenturm steht für Trauungen in kleinem Rahmen zur Verfügung.

An die Kapelle schließt sich das große Kelterhaus an, in dem ein großer Teil der Edelstahltanks für die Reifelagerung steht.

DER GOETHEWEIN

war früher ein Produkt des Weinguts des Barons Brentano. Schloss Vollrads konnte die Lagen Hasensprung und Jesuitengarten in Winkel, in dem die Trauben für diesen Wein gedeihen, erwerben. Das Scherenschnittprofil des Dichters und Weinliebhabers samt seiner Signatur ziert das Etikett der Flasche, in der dieser Qualitätswein auf die Genießer wartet.

Der Goethewein, die anderen Vollrads-Weine, verschiedene Artikel und Souvenirs und Informationen zu den Veranstaltungen, Führungen, Weinwanderungen und kulinarischen Ereignissen gibt es im Kutscherhaus an der rechten Seite des Wirtschaftshofs im oberen Bereich des Schlosses.

WER / WO / WAS
||||||||||||||||||||||||||||||||

Schloss Vollrads
65375 Oestrich-Winkel
Tel. 06723 660
www.schlossvollrads.com

DER NATURLEHRPFAD SCHLOSS VOLLRADS

führt als 1,5 Kilometer langer Rundweg vom nördlichen Parkplatz durch das Vollradser Wäldchen. Neun Stationen mit Informationstafeln sind auch für Kinder spannend. Fragen wie: Warum bekommt der Specht keine Kopfschmerzen? werden beantwortet. Gruppenführungen auf dem Naturlehrpfad werden angeboten.

SCHLOSS JOHANNISBERG
DIE GESCHICHTE DES SPÄTLESEREITERS

Das Schloss mit dem Ort Johannisberg ist von Winkel oder Geisenheim, dieser Stadt zugehörig, zu erreichen. Die Wege sind ausgeschildert, von Weitem schon ist das Schloss über den Reben zu sehen. „Was aber auch sonst noch von geistlichen und weltlichen Gebäuden dem Auge begegnen mag, der Johannisberg herrscht über alles." So das Lob Goethes. Heinrich Heine ist begeistert: „Mon dieu, wenn ich doch so viel Glauben in mir hätte, dass ich Berge versetzen könnte, der Johannisberg wäre just derjenige Berg, den ich mir überall nachkommen ließe."

Schloss Johannisberg von Süden, rechts die Basilika

DIE BENEDIKTINERABTEI

wurde von den Mönchen aus Mainz ab 1106 als erstes Kloster im Rheingau errichtet. Am 24. Juni, am Tag Johannes des Täufers, im Jahr 1130 fand die Weihe der Basilika des Klosters statt. Berg, Kloster und Dorf hießen von nun an: Johannisberg.
Die Mönche auf Johannisberg pflegten den Weinbau auf dem von der Sonne verwöhnten Berg. 1563 wurde der letzte Abt entlassen und das Kloster aufgelöst. Im Dreißigjährigen Krieg verpfändet, kaufte 1716 der Fürstabt von Fulda, Konstantin

von Buttlar, die Anlage. Die Basilika im Osten blieb erhalten, die anderen Gebäude des Klosters wurden abgerissen.

DAS SCHLOSS

ließ der Fürstabt an der Stelle des einstigen Klosters als prächtige Anlage errichten, die majestätisch in den Weinbergen thront. Den Weinbergen, die zu des Klosters Zeiten zuletzt vernachlässigt worden waren, wurde wieder Pflege zuteil, und allein in den Jahren 1719 und 1720 pflanzte man 294.000 neue Reben – Riesling aus Flörsheim. 1803 wurde Fulda mit Schloss Johannisberg säkularisiert.

Nach der Säkularisierung wechselten die Besitzer von Johannisberg. Der Herzog von Valmy, François-Étienne-Christophe Kellermann (1735 bis 1820), der als französischer General in der Kanonade von Valmy am 20. September 1792 die antirevolutionären Interventionstruppen auf ihrem Marsch nach Paris gestoppt hatte, erhielt das Schloss als Geschenk. Goethe, der als Beobachter am Feldzug gegen die Revolution teilgenommen hatte, sagte nach der Schlacht zu einigen Offizieren: „Von hier und heute geht eine neue Epoche der Weltgeschichte aus, und ihr könnt sagen, ihr seid dabei gewesen."
Nach dem Sieg der Anti-Napoleon-Koalition wurde Schloss Johannisberg von dieser kon-

fisziert, die es 1815 beim Wiener Kongress dem Kaiser von Österreich schenkte. Die Übergabe erfolgte am 19. Juli im Schloss, Goethe war bei der Zeremonie anwesend. Der Kaiser übereignete es 1816 seinem Staatskanzler Clemens Wenzel Fürst von Metternich-Winneburg. Die Familie Metternich setzte die große Weinbautradition fort. Schon 1787 wurde auf Johannisberg die Auslese entdeckt und 1858 der erste Eiswein geerntet.

KARL DER SPÄTLESEREITER

ist der pfiffige Bursche, dem die Genießer die Spätlese verdanken. Die Geschichte wird im ersten Band der Karl-Comics erzählt. Karl soll 1775 die Erlaubnis zur Weinlese, wie die Traubenernte genannt wird, aus Fulda einholen. Böse Wichte verhindern die rechtzeitige Rückkehr. Inzwischen sind die Trauben an den Rebstöcken verfault, sie werden gelesen, gekeltert und der Wein aus diesen edelfaulen Trauben erweist sich als große Köstlichkeit.

„Karl. Der Spätlesereiter" war 1988 der erste Comic-Band der Autoren und Zeichner Patrick und Eberhard Kunkel und Michael Apitz. 2004 endete die Serie mit Band 12. Die Geschichten stecken voller literarischer, historischer und anderer Gags. In den Comics tummeln sich ohne Rücksicht auf chronologische Exaktheit alle Figuren, die jemals im Rheingau eine Rolle spielten; so gibt sich auch Goethe immer wieder

die Ehre. Karl wird begleitet von Grandpatte, seinem großen Hund, der gern Riesling schlürft und sein Bild als Wegzeichen des Weinerlebniswegs Oberer Rheingau (Seite 21) zur Verfügung gestellt hat.

Vor der Vinothek im Schloss ist dem Karl ein Denkmal errichtet worden.

TIPP

Wer die Karl-Comics noch nicht kennt, sollte, wenn sie im Antiquariat, im Internet oder auf dem Flohmarkt auftauchen, sofort zugreifen.

DAS SCHLOSS HEUTE

und das Weingut gehören nach dem Ableben von Tatiana Fürstin von Metternich 2006, der letzten Johannisberger Metternich, zusammen mit dem Oetker-Gut G. H. von Mumm zum vielfältigen Oetker-Konzern, der schon früher über seine Sektkellerei Söhnlein eine Beteiligung an der Domäne Schloss Johannisberg innehatte.

SCHLOSS JOHANNISBERG

WER / WO / WAS

Schloss Johannisberg
Fürst von Metternich-Winneburg'sche Domäne
65366 Geisenheim-Johannisberg
Tel. 06722 70090
www.schloss-johannisberg.de

Gutsschänke
Tel. 06722 96090
Öffnungszeiten
täglich 11.30 bis 24 Uhr

Vinothek
Tel. 06722 700929 und 700935
Öffnungszeiten
Montag bis Freitag 10 bis 13 Uhr,
14 bis 18 Uhr,
Samstag, Sonntag, Feiertag 11 bis 18 Uhr

Das Schloss ist nur von außen zu besichtigen. Bei besonderen Veranstaltungen – zum Beispiel bei Konzerten im Rahmen des Rheingau Musik Festivals – können die Besucher das Schloss betreten. Zugänglich sind die wunderschöne Terrasse und die Räume des Gutsrestaurants, von wo die Blicke weit über die Rebhänge und den Rhein gehen. Das Wein-Cabinet ist die Vinothek, deren umfangreiches Angebot nicht nur Wein und Sekt der beiden Güter Schloss Johannisberg und G. H. von Mumm umfasst. Ausgesuchte Accessoires, Spezialitäten, Souvernirs und Literatur – auch die Bücher der letzten Fürstin Tatiana von Metternich, die eine große Künstlerin war – gibt es zu kaufen.

Veranstaltungen, Weinproben und Kellerführungen können vereinbart werden.

Wer vor dem Schloss sich nach links, nach Osten wendet und den Weg entlangspaziert, kommt an der ehrwürdigen Basilika vorbei. Es lohnt, die wenigen Schritte nach rechts zu unternehmen und das Innere des mittelalterlichen Gotteshauses zu besichtigen. Zurück auf dem Weg nach Osten und nach knapp 200 Metern laden Bänke im Schatten einer mächtigen Zeder ein, den Blick nach Oestrich-Winkel, den Rhein und darüber hinaus zu genießen. Diese Örtlichkeit heißt „Goetheblick".

BURG SCHWARZENSTEIN

liegt oberhalb des Ortes Johannisberg, in dem Weingüter wie das des Prinzen von Hessen oder das von Martin Klein ansässig sind. Die Rosengasse führt nach Norden, am Ortsausgang verabschiedet ein Relief des heiligen Urban, Patron der Winzer, die Besucher, die 700 Meter vom Schloss Johannisberg entfernt die Burg Schwarzenstein erreicht haben.

Was wie die Ruine einer mittelalterlichen Burg aussieht, ist der Nachklang der Ruinenromantik. Der Herzog von Valmy auf Schloss Johannisberg, der bislang nur

Pech mit dem Weinbau hatte, verkaufte die heranreifende Ernte des Jahrgangs 1811 an den Frankfurter Bankier und Weinhändler Peter Arnold Mumm. Dieser Wein war ein Spitzenjahrgang, Mumm machte großen Gewinn, Goethe lobte den 11er. Mumm kaufte Weinberge, gründete das Champagnerhaus Mumm in Reims, durfte seit 1873 den alten Adelstitel Mumm von Schwarzen-

WER / WO / WAS
||||||||||||||||||||||||||||||||||||||||||||||

**Relais & Chateau
Hotel Burg Schwarzenstein**

Rosengasse 32
65366 Geisenheim-Johannisberg
Tel. 06722 99500

www.burg-schwarzenstein.de

Burgrestaurant
Öffnungszeiten
Montag bis Sonntag 12 bis 14.30 Uhr,
18 bis 22.30 Uhr

Gourmetrestaurant
Öffnungszeiten
Mittwoch bis Freitag 18.30 bis 22 Uhr,
Samstag, Sonntag, Feiertag
12 bis 14.30 Uhr, 18.30 bis 22 Uhr

stein wieder führen. Um seiner Adeligkeit die richtige Fassade zu geben, ließ er Burg Schwarzenstein erbauen.
Heute ist die Burg ein Hotel mit Restaurants und Ort beliebter Veranstaltungen und Feiern. Und wie Schloss Johannisberg gehört Burg Schwarzenstein zum Oetker-Konzern.

TIPP

Der Weinprobierstand in Johannisberg im Hohlweg 23 beim Weingut Chat Sauvage ist im Sommer geöffnet – am Freitag ab 17 Uhr, am Samstag ab 15 Uhr, am Sonntag ab 12 Uhr.

GEISENHEIM MIT MARIENTHAL
WEIN-UNIVERSITÄT, RHEINGAUER DOM UND FRANZISKUS

Die Stadt Geisenheim, zwischen Oestrich-Winkel und Rüdesheim am Rhein gelegen, ist dank der Wein-Universität, der Hochschule Geisenheim, ein zentraler Ort für Winzer, Wein- und Obstforscher in aller Welt. Die Besucher der Stadt erfreuen sich an den Sehenswürdigkeiten und am Wein, der dank der Hochschule so qualitätsvoll ist.

HOCHSCHULE GEISENHEIM UNIVERSITY

ist der neue Name der Lehr- und Forschungsanstalt, die von Heinrich Eduard von Lade 1872 begründet wurde.
Die Hochschule hat ein eigenes Weingut, eine Sektkellerei, das Getränketechnologische Zentrum und das Geisenheimer Institut für Weiterbildung.
Lade, 1817 in Geisenheim geboren, wurde 1877 geadelt und 1901 zum Freiherrn erhoben. Er war der Sohn eines reichen Weinhändlers, war Bankier, Exporteur und

Waffenhändler. Vermögend geworden, zog er sich mit 44 Jahren aus dem Berufsleben zurück, erbaute 1861 in Geisenheim die Villa Monrepos. Diese Villa und ihr Park an der Rüdesheimer Straße dienten seiner Rosen- und Obstzucht, zudem beschäftigte er sich wissenschaftlich mit dem Weinbau. Dank seines unermüdlichen Einsatzes wurde 1872 die Königlich Preußische Lehranstalt für Obst- und Weinbau gegründet.

Lade beschäftigte sich mit Astronomie, in Monrepos gab es ein Observatorium. Ein Mondkrater und ein Asteroid sind nach ihm benannt.
www.hs-geisenheim.de

Denkmal für Lade auf dem Hochschul-Gelände

Wer sich der Stadt nähert – mit der Eisenbahn, auf der B42 oder auf dem Leinpfad – sieht bald zwei schlanke gotische Türme in den Himmel ragen. Es sind die neugotischen Türme des Rheingauer Doms.

DER RHEINGAUER DOM

ist die katholische Pfarrkirche Heilig Kreuz und wird wegen ihrer Bedeutung und Größe Dom genannt, obwohl sie nie Bischofssitz war.
Im Jahr 1146 wurde erstmals eine Kirche in Geisenheim urkundlich erwähnt. Die nachfolgende Kirche ent-

stand zwischen 1510 und 1518. Als deren beide Türme baufällig wurden, ließ man zwei neue Türme zwischen 1836 und 1839 errichten. 1879 zerstörte ein Blitz den Südturm, der wieder aufgebaut wurde. Neben dem Dom trotzt seit 700 Jahren die stattliche Linde den Zeiten. Sie ist der Mittelpunkt des Lindenfestes der Lindenstadt, das am zweiten Wochenende im Juli gefeiert wird.

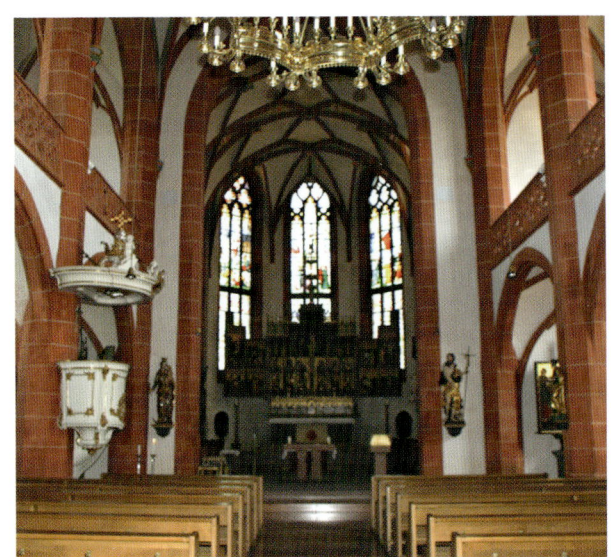

TIPP

Der Weinprobierstand auf den Rheinwiesen ist von Ostern bis Mitte Oktober geöffnet – Freitatg ab 17 Uhr, Samstag ab 15 Uhr, Sonntag ab 11 Uhr; außerdem am Pfingstmontag, Ende Oktober zum Herbstfest und zum Weihnachtsmarkt.

DIE GEISENHEIMER SCHLÖSSER

sind Sehenswürdigkeiten, die auch bei thematischen Stadtführungen von außen zu besichtigen sind.

DIE VILLA MONREPOS

ist das Schlösschen, das sich Heinrich Eduard von Lade an der Rüdesheimer Straße erbauen ließ.

DAS PALAIS OSTEIN

wurde ab 1766 auf dem Gelände des Kronberger Hofs, der im Besitz der Familie Ostein war, für Johann Friedrich Karl Maximilian von Ostein erbaut. Ostein hatte auch den Landschaftspark im Niederwald gestaltet (siehe Seite 112). Das Palais wechselte

GEISENHEIM

WER / WO / WAS

Stadtführungen veranstaltet die

Tourist-Information

Stadtverwaltung
Rüdesheimer Straße 48
65366 Geisenheim
Tel. 06722 7010

die Besitzer, gehörte mal den Brentanos, den Lades, Heinrich Eduard kam hier zur Welt, schließlich diente das Palais als Schule.

DAS SCHLOSS KOSAKENBERG

in der Bahnstraße 1 war bis 1941 das Palais der Reichsgrafen von Ingelheim. 1682 hatte der Mainzer Erzbischof und Kurfürst Anselm Franz von Ingelheim das freiadelige Gut der Familie von Riedt erworben und ließ es als Sommerresidenz zum Schloss umbauen. Heute trägt es den Namen der Weinlage Kosakenberg. Ein Stück weiter nördlich in der Straße Im Kosakenberg liegt der ehemalige Landsitz des Freiherrn von Zwierlein, der 1784 das Weingut Freiherr von Zwierlein begründete.
Heute gehören beide Anwesen und Weingüter zusammen.

DAS SCHLOSS SCHÖNBORN

in der Winkeler Straße war einst der Stockheimer Hof, der von der Familie Schönborn Mitte des 17. Jahrhunderts erworben und zum Schloss erweitert und umgebaut wurde. Heute ist das Schloss ein exklusiver Ort für Veranstaltungen und Feste aller Art.

WER / WO / WAS

**Schloss Schönborn
Rheingau exklusiv**

Winkeler Straße 64
65366 Geisenheim
Tel. 06722 75375

www.rheingau-exklusiv.de

MARIENTHAL

Der Stadtteil von Geisenheim oben über den Weinbergen ist Johannisberg benachbart. Gut drei Kilometer von der Kernstadt entfernt ist es über die Nothgottesstraße, die Fortsetzung der Von-Lade-Straße, und die Marienthaler Straße nach rechts zu erreichen.

DAS FRANZISKANERKLOSTER MARIENTHAL

außerhalb des Orts und am Elsterbach gelegen, ist einer der ältesten Wallfahrtsorte Deutschlands. Seit über 700 Jahren gibt es die Wallfahrt zur Schmerzhaften Mutter, einem Gnadenbild aus Holz, das die Pietà darstellt: Maria hält nach der Kreuzabnahme den toten Jesus in den Armen. Das kleine Gnadenbild ist neben dem Altar der Klosterkirche zu sehen.

Die Legende erzählt die Geschichte einer wundersamen Heilung: Ein Jäger namens Hecker Henn war erblindet und kein Arzt konnte ihm helfen. In seiner tiefen Verzweiflung erinnerte er sich an ein Marienbild im Wald. Dorthin ließ er sich voller Gottvertrauen führen und betete. Danach schaute er auf und konnte wieder sehen.

Der Junker Schaffraith von Oppelsheim, Henns Dienstherr, ließ nach diesem Wunder 1313 dort eine kleine Kapelle errichten, in der das Gnadenbild fortan verehrt wurde. 1326 vergrößerte man die Kapelle zur Kirche. 1465 zogen die Brüder vom Gemeinsamen Leben in Marienthal ein. Sie gründeten die erste Klosterdruckerei der Welt. 1612 erwarben die Jesuitenmönche das Kloster, das 1773 aufgelöst wurde.

1858 sorgte der in Geisenheim geborene Limburger Bischof Peter Joseph Blum für eine neue Wallfahrtskirche. Erst kamen die Jesuiten zurück, bald übernahmen die Franziskaner den Wallfahrtsort. Sie betreiben die Seelsorge des ihnen anvertrauten Gnadenorts „zur Ehre Gottes und zum Lob der lieben Schmerzhaften Mutter Gottes von Marienthal".

DIE KIRCHE

mit dem Gnadenbild ist für Gläubige, Anders- und Ungläubige gleichermaßen ein eindrucksvoller Erlebnisraum. Über dem Eingang ein Tympanon aus dem 14. Jahrhundert. Das Bild „Maria die Schutzherrin des Rheingau" stammt von 1858. Neben der Kirche im Franziskusgärtchen steht eine große Statue des heiligen Franziskus.

Der Kreuzweg – „Trimm-Dich-Pfad für die Seele" – ist von Bischof Blum initiiert worden. Um den Pilgern die Möglichkeit zu geben, der Leiden und Freuden der Gottesmutter zu gedenken, sind die Stationen mit den Darstellungen der Sieben Schmerzen und der Sieben Freuden Mariens geschmückt.

„Kloster zum Mitleben" bietet Interessierten die Möglichkeit, für einige Tage das Leben im Kloster mit zu leben.

Wallfahrten finden an allen Marientagen statt; eine Festwoche von Sonntag bis Sonntag um Mariä Geburt. Eigene Wallfahrten werden für gläubige Gruppen wie zum Beispiel die Kroaten veranstaltet. Alle aktuellen Termine für Gottesdienste und Wallfahrten finden sich im Internet.

WER / WO / WAS

Kloster Marienthal
65366 Geisenheim
Tel. 06722 99580
www.franziskaner-marienthal.de

EIBINGEN
ST.-HILDEGARD-WALLFAHRT UND ABTEI ST. HILDEGARD

Eibingen ist der östliche Stadtteil von Rüdesheim, überragt von der Basilika, die weithin sichtbar ist. Die Kirche in Eibingen und die Basilika sind Orte der Hildegard-Verehrung.

DIE HEILIGE HILDEGARD

wurde im Jahr 1098 als zehntes und letztes Kind einer adeligen Familie in Bermersheim bei Alzey geboren. Als sie acht Jahre alt war, wurde sie in das Benediktinerinnenkloster Disiboden gegeben. Sie wurde Schülerin der Äbtissin Jutta von Sponheim. Nach deren Tod übernahm Hildegard 1136 für zwölf Jahre die Leitung der Nonnengemeinschaft.

Bronzeskulptur der Hildegard von Karlheinz Oswald, 1998 (Detail)

Als sie 1146 genug Spendengelder gesammelt hatte, kaufte sie am linken Ufer der Nahe, Bingen gegenüber, ein Stück Land mit der Gedächtniskapelle des heiligen Rupertus. Über seinem Grab gründete Hildegard ein Kloster. Da immer mehr Nonnen auf dem Rupertsberg lebten, wollte sie ein zweites Kloster eröffnen. Sie erwarb auf der anderen Rheinseite in Eibingen ein leerstehendes Kloster und ließ es für 30 Benediktinerinnen instand setzen.

Hildegard war eine Mystikerin, zugleich eine Wissenschaftlerin; ihre Visionen wurden aufgezeichnet, von ihr stammen naturkundliche, ernährungswissenschaftliche und medizinische Schriften, zudem dichtete und komponierte sie.

Am 17. September 1179 starb sie, längst als Heilige verehrt, im Kloster Rupertsberg. Ihre Gebeine ruhen seit 1642 in einem Reliquienschrein in der Kirche zu Eibingen.

Das Kloster Rupertsberg wurde im Dreißigjährigen Krieg zerstört; nur Mauerreste der Kirche gibt es noch.

Erst am 7. Oktober 2012 wurde Hildegard von Papst Benedikt XVI. zur Kirchenlehrerin erhoben und kann nun offiziell in aller Welt als Heilige verehrt werden.

DIE PFARR- UND WALLFAHRTSKIRCHE

in Eibingen ist ein zentraler Ort der Verehrung der heiligen Hildegard. Das Kloster Eibingen nahm die Nonnen vom Rupertsberg auf – mitsamt den Reliquien der Hildegard.

Im Jahr 1803 wurde das Kloster aufgehoben, West- und Ostflügel abgerissen. Elf Jahre später besichtigte Goethe die Stätte: „Kloster Eibingen gibt den unangenehmsten Begriff eines zerstörten würdigen Daseins."

Die Klosterkirche diente nun als Pfarrkirche. Der hier aufbewahrte Hildegardis-Schrein, 1929 angefertigt, ist vergoldet, gleicht einem Haus, auf dessen Türflügeln die vier Tugenden Gerechtigkeit, Tapferkeit, Klugheit und Mäßigung allegorisch dargestellt sind. Der Schrein enthält Reliquien von Hildegard und kleinere von den heiligen Giselbert, Rupert und Witbert.

Die Kirche brannte 1932 ab, der Schrein konnte gerettet werden. Die neue Kirche wurde 1935 geweiht.

An der Rückwand des Chors ist ein Mosaik zu sehen, das Jesus als Teil der Dreifaltigkeit zeigt. Das Motiv stammt von einer Miniatur in Hildegards Werk „Wisse die Wege" (Scivias). Hildegard: „Alsdann sah ich ein überhelles Licht und darin eine saphirblaue Menschengestalt, die durch und durch im sanften Rot funkelnder Lohe brannte."

Zum Hildegardisfest am 17. September kommen viele Menschen, auch aus Frankreich, Belgien und anderen Ländern, nach Eibingen. Dieser Tag ist der Höhepunkt der Hildegardis-Wallfahrten. Um 10 Uhr wird ein Pontifikalamt auf dem Platz vor der Kirche gefeiert. Um 15 Uhr beginnt die Reliquienfeier, anschließend erfolgt durch Eibingen die Prozession mit dem Reliquienschrein.

WER / WO / WAS

Pfarr- und Wallfahrtskirche St. Hildegard

Katholisches Pfarramt
Marienthaler Straße 3
65385 Rüdesheim-Eibingen
Tel. 06722 4520

www.eibingen.de/pfarrei

DIE BENEDIKTINERINNENABTEI ST. HILDEGARD

erhebt sich nördlich von Eibingen in den Weinbergen. Abtei und Basilika erinnern an die monumentalen romanischen Bauwerke, wurden aber erst im 20. Jahrhundert errichtet.

Der Limburger Bischof Peter Joseph Blum, der aus Geisenheim stammte, und der Eibinger Pfarrer Ludwig Schneider hatten die Idee, ein neues Kloster zu gründen. Fürst Karl zu Löwenstein-Wertheim-Rosenberg beherbergte auf seinem Schloss Haid in Böhmen den Bischof, der zu ihm ins Exil geflüchtet war. Blum hatte sich im Kirchenkampf mit dem Staat angelegt. Der Fürst unterstützte die Gründung eines Klosters bei Eibingen.

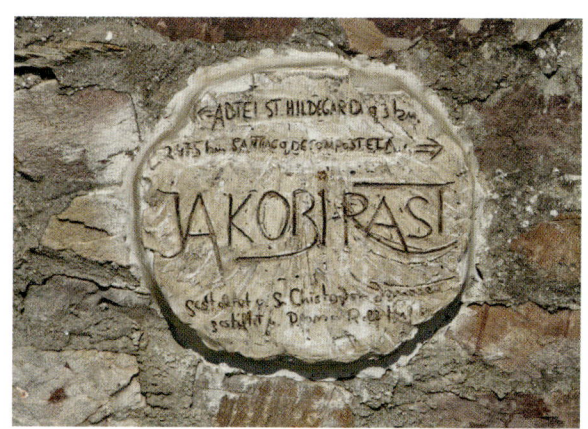

Die Grundsteinlegung erfolgte am 2. Juli 1900. Vier Jahre später zogen 18 Benediktinerinnen aus der Abtei St. Gabriel in Prag in das neue

Hildegard-Skulptur in der Wand der Abteikirche

Kloster, das von Papst Leo XIII. zur Abtei erhoben wurde. Die Kirche wurde nach der wundervollen Ausmalung – darunter eine Bildfolge zum Leben der Hildegard – 1908 geweiht.

Das Leben der Nonnen ist nach dem Grundsatz „ora et labora", bete und arbeite, ausgerichtet. Die Gastfreundschaft ist den Benediktinerinnen ein besonderes Anliegen. Gäste, auch Pilger auf dem Jakobsweg, der am Kloster entlangläuft, sind willkommen.

Zur Abtei gehört der Klosterladen mit seinem reichen Angebot an Literatur, CDs, DVDs, Ikonen und anderen Kunstwerken, Kunstgewerbe wie Keramik und Goldschmiedearbeiten, Geschenkartikeln. Auch Dinkelprodukte für eine gesunde und sinnvolle Ernährung. Gewürze und Tee gibt es zu kaufen. Und nicht zuletzt Rot- und Weißwein aus dem Kloster-Weingut, zudem Sekt, Liköre, Brände.

WER / WO / WAS

Abtei St. Hildegard
Klosterweg 1
65385 Rüdesheim-Eibingen
Tel. 06722 4990

www.abtei-st-hildegard.de

Klosterladen
Tel. 06722 499116
Öffnungszeiten
Montag bis Samstag
9.30 bis 11.45 Uhr, 14 bis 17 Uhr,
Mitte März bis vor Weihnachten
Samstag durchgehend und an
Feiertagen
außer Karfreitag und Ostern
14 bis 17 Uhr geöffnet,
der Online Shop ist immer geöffnet,
Weinproben nach Anmeldung

HILDEGARDIA SCIVIAS

heißt einer der Weine, eine Riesling Spätlese, die zu den besonders feinen Weinen der Klosteredition gehört. Der Name leitet sich von den Visionen der Hildegard ab, die im Buch „Scivias – Wisse die Wege" aufgezeichnet wurden.
Hildegard wusste viel über den Wein und nannte ihn „das Blut der Erde". Sie lobte des Weins reinigende Wirkung auf der Menschen Blut, Säfte und Gefäße. Hildegard sagte, dass „der Wein – maßvoll genossen – heilt und den Menschen zutiefst erfreut durch seine große Kraft und Wärme …"
Das Weingut des Klosters in Eibingen umfasst etwa 6,5 Hektar. Vor allem Riesling und Spätburgunder werden von den Benediktinerinnen angebaut, die auch die Ernte und den Ausbau der Weine betreiben, ebenso den Verkauf im Klosterladen, im Internet und in ausgesuchten Weinläden.

DER HILDEGARD-WEG

ist ein ausgeschilderter sieben Kilometer langer Rundweg, der zur Wallfahrtskirche und zur Abtei führt. Der Weg beginnt in Rüdesheim am Bahnhof/an der Fähre nach Bingen.

DAS KLOSTER NOTHGOTTES

liegt nördlich von Eibingen und ist über den Ort Windecken, einen Teil von Rüdesheim, zu erreichen; es ist knapp zwei Kilometer von der Abtei St. Hildegard entfernt.

Der Ritter Johannes XIII. Brömser von Rüdesheim ließ der Legende nach im 14. Jahrhundert die Wallfahrtskapelle Nothgottes erbauen, weil einer seiner Bauern beim Pflügen des Feldes hier das Gnadenbild eines Blut schwitzenden Heilands gefunden hatte.

Ab 1609 wurde bei der Kapelle, zur Kirche erweitert, ein Kloster der Kapuziner errichtet. Nothgottes wurde einer der beliebtesten Wallfahrtsorte im frommen Rheingau. Heute werden Kloster und Kirche von der Gemeinschaft der Seligpreisungen betreut, die auch die Wallfahrten organisiert.

WER / WO / WAS

Kloster Nothgottes
65385 Rüdesheim-Nothgottes
Tel. 06722 409170
www.seligpreisungen.de

DAS GNADENBILD NOTHGOTTES

wird in Rüdesheim aufbewahrt. Goethe beschreibt es: „In der Stadtkirche auf dem Markt befindet sich das Wunderbild, das ehemals so viele Gläubige nach Not Gottes gezogen hatte. Christus knieend, mit aufgehobenen Händen, etwa acht Zoll hoch, wahrscheinlich die übrig gebliebene Hauptfigur einer uralten Ölbergsgruppe. Kopf und Körper aus Holz geschnitzt. ... das Ganze bekreidet und bemalt. Die angesetzten Hände zwar zu lang, die Gelenke und Nägel hingegen gut ausgedrückt; aus einer nicht unfähigen, aber ungeschickten Zeit."

RÜDESHEIM
DROSSELGASSE UND NIEDERWALDDENKMAL

Die meisten Besucher von Rüdesheim betreten die Stadt am Adlerturm. Sie erreichen die Stadt mit dem Schiff, mit der RheingauLinie (StadtExpress SE 10) oder mit dem Auto auf der B42, der Riesling Route. Der Adlerturm, ein ehemaliger Pulverturm aus dem 15. Jahrhundert, steht bei den Parkplätzen in der Nähe der Schiffsanlegestelle im Osten der Stadt. Die RheingauLinie hält am Bahnhof im Westen.

RÜDESHEIM AM RHEIN

Die Weinstadt Rüdesheim am Fuß des Niederwalds gehört zum UNESCO-Welterbe Oberes Mittelrheintal. Zunächst war die Gegend um Rüdesheim von Kelten besiedelt, später von den Ubiern und danach von den Mattiakern. Im 1. Jahrhundert kamen die Römer, danach die Alemannen und mit der Völkerwanderung die Franken. Heute ist Rüdesheim eine weltberühmte Touristenattraktion. In der Obergasse startet der bunte Winzerexpress zu einer halbstündigen, informativen Fahrt durch die Weinberge In der Obergasse ist das ganze Jahr über Weihnachten. Bei Käthe Wohlfahrt, Obergasse 35, gibt es traditionellen deutschen Weihnachtsschmuck.

> **WER / WO / WAS**
>
> **Tourist-Information**
> Rüdesheim Tourist AG
> Rheinstraße 29a
> 65385 Rüdesheim am Rhein
> Tel. 06722 906150
>
> www.ruedesheim.de

Der Adlerturm

DROSSELGASSE

nennt sich die wohl fröhlichste Gasse der Welt. Schon morgens vor dem 12-Uhr-Geläut strömen Menschen jeden Alters die Rheinstraße entlang, um schnellen Schritts in die Drosselgasse einzubiegen. Restaurants, Keller, Straußwirtschaften, Innenhöfe, Discos, Bars, Bier- und Weingärten versprechen 144 Meter pure Lebensfreude. Mit Speis und Trank, Musik und Tanz bis 4 Uhr in der Früh werden die Gäste aus aller Welt bei Laune gehalten. Eine beliebte Attraktion in Rüdesheim ist das Glockenspiel im Turm vom Rüdesheimer Schloss in der Drosselgasse. Es zeigt unterschiedliche Figuren aus Holz. Es ertönt zu jeder vollen Stunde. Ein anderes Glockenspiel aus Meißner Porzellan befindet sich in den Fenstern von Siegfried's Mechanischem Musikkabinett im Brömserhof. Es wird zu jeder halben Stunde gespielt. Die Drosselgasse führt zur Oberstraße, hier befinden sich neben dem Brömserhof verschiedene andere schöne Adelshöfe aus unterschiedlichen Zeiten. Sehenswert ist der prachtvolle Klunkhardshof, ein großer spätmittelalterlicher Fachwerkbau, der

WER / WO / WAS

Weingut Georg Breuer
Breuers Bistro & Kellerwelt
Grabenstraße 8
65385 Rüdesheim

www.georg-breuer.com

wahrscheinlich im 16. Jahrhundert errichtet wurde. Das herrliche Haus in der Nähe des Marktplatzes gehört mit zu den ältesten Gebäuden der Stadt.

DAS WEINGUT BREUER

bewirtschaftet seine gesamte Rebfläche nach den Richtlinien des ökologischen Weinbaus. In der Vinothek können die Weine mit den künstlerischen Etiketten verkostet und gekauft werden. Einige Wochen im Herbst und Winter ist das Bistro für jedermann geöffnet, die kulinarische Veranstaltung steht jedes Mal unter einem anderen Motto. In der Kellerwelt können Kunstobjekte, kunsthandwerkliche Objekte der Weinproduktion, Glassammlungen, Etiketten und Flaschen bewundert werden.

TIPP

Der Weinprobierstand auf dem Marktplatz ist von Ende März bis Mitte Oktober, der in der Bleichstraße ist von Ende März bis Ende Oktober geöffnet – Montag bis Freitag ab 16 Uhr, Samstag ab 11 Uhr, Sonntag 11 bis 22 Uhr.

RÜDESHEIMER MUSEEN

DIE BRÖMSERBURG

wird auch Niederburg genannt Zwischen dem 10. und dem Beginn des 19. Jahrhunderts war sie im Besitz der Erzbischöfe von Mainz. Die Burg war bis 1937 bewohnt. Heute befindet sich in ihren Mauern ein bedeutendes Weinmuseum. Alles, was zum Wein gehört, ist ausgestellt: Arbeitsgeräte der Winzer, Küfer und Kellermeister, historische Keltern und Fässer, Flaschen, Weinetiketten, Korken und Korkenzieher, Trinkgefäße vom Mittelalter bis zum 20. Jahrhundert, Bilder aus allen Zeiten und sogar eine Weinbrennerei.

WER / WO / WAS

Rheingauer Weinmuseum
Brömserburg
Rheinstraße 2
65385 Rüdesheim
Tel. 06722 2348
www.rheingauer-weinmuseum.de

Öffnungszeiten
1. März bis 31. Oktober
täglich 10 bis 18 Uhr

Die Boosenburg wird auch Oberburg genannt und erhebt sich oberhalb der Brömserburg. Erhalten geblieben von der alten Burg ist nur noch der 38 Meter hohe Turm.

DAS MITTELALTERLICHE FOLTERMUSEUM

zeigt in historischen Gewölbekellern in der Oberstraße 49–51 das Strafrecht vom Mittelalter bis zur Neuzeit. Auch die Zeit der Hexenverfolgung bis zum 18. Jahrhundert wird anschaulich dargestellt. Beeindruckend ist die Bildersammlung bekannter Künstler der damaligen Zeit. In einer Dokumentation zeigt Amnesty International die Menschenrechtsverletzungen im 20. und 21. Jahrhundert auf. Das Museum ist geöffnet von Karfreitag bis Ende Oktober täglich von 10 bis 18 Uhr, November bis Karfreitag Samstag und Sonntag von 13 bis 17 Uhr.

SIEGFRIED´S MECHANISCHES MUSIKKABINETT

residiert im Brömserhof in der Oberstraße 27–29, einem ehemaligen Adelshof, in dem noch Teile von 1310 vorhanden sind (geöffnet März bis Dezember täglich

von 10 bis 18 Uhr, mit Reservierung von 18 bis 22 Uhr). Hier wird die Geschichte aus vier Jahrhunderten der selbstspielenden Musik und ihrer Instrumente dargestellt – von der kleinsten Spieluhr bis zum tonnenschweren Konzert-Klavier-Orchestrion.

DAS TOY-MUSEUM

ist ein Spielzeug- und Eisenbahnmuseum, in dem sich jeder Erwachsener wünscht, noch einmal Kind zu sein. Gezeigt werden in der Peterstraße 20 technisches und anderes Spielzeug, Schiffe, Flugzeuge, Modelleisenbahnen und Puppen der vergangenen hundert Jahre. Nicht nur für Eisenbahnfans: die große Modellanlage H0 des Rheintals im Stil der dreißiger bis fünfziger Jahre. Geöffnet ist das Museum Montag bis Freitag von 8 bis 18 Uhr, Samstag und Sonntag von 11 bis 18 Uhr, Januar bis März ist es an den Wochenenden geschlossen.

DAS ASBACH BESUCHER CENTER

in der Ingelheimer Straße 4 im Osten der Stadt ist Museum und Shop in einem und ist der bedeutenden Weinbrennerei am Rhein gewidmet. Gäste sind hier in der Geburtsstätte einer großen deutschen Spezialität willkommen. Sie werden in einer Multivisionsshow in die Geheimnisse des Herstellungsprozesses von Asbach eingeweiht. Der Asbach Shop lädt zum Verweilen und Einkaufen ein. Wenn einem also Gutes widerfährt ... Geöffnet ist das Asbach Besucher Center von März bis ca. 20. Dezember, Dienstag bis Samstag von 9 bis 17 Uhr, um Anmeldung wird gebeten.
www.asbach.de

DER LANDSCHAFTSPARK NIEDERWALD

Seit 1954 führt die Kabinenseilbahn von der Oberstraße in Rüdesheim zum Niederwalddenkmal und zum Erholungsgebiet Niederwald. Die Autostraße von der B42 hinauf ist in Rüdesheim ausgeschildert. Rüstige Wanderer stapfen durch die Weinberge bergan. Die Kabinenseilbahn fährt täglich von März bis November und während des Weihnachtsmarkts der Nationen.
www.seilbahn-ruedesheim.de

DAS NIEDERWALDDENKMAL

ist eine monumentale Anlage und zum Glück keine nationale Weihestätte – auch wenn das Denkmal an den siegreichen Krieg gegen Frankreich 1870/71 erinnert und an die Gründung des Deutschen Kaiserreichs. Flankiert wird die Germania von den allegorischen Figuren des Kriegs in Gestalt des deutschen Engels Michael und des Friedens. Seitenreliefs auf dem Sockel stellen den Abschied der Krieger und ihre Heimkehr dar. Eine Figurengruppe an der Vorderseite zeigt Vater Rhein und seine Tochter Mosel. Darüber das Hauptrelief, fast elf Meter lang und etwa 2,60 Meter hoch. Die fast lebensgroßen Figuren stellen die deutschen Generäle dar, der preußische König Wilhelm reitet hoch zu Ross. Neben ihm Reichskanzler Bismarck. Unter dem Relief die etwas entschärfte Version des Kampfliedes „Die Wacht am Rhein". Am 16. September 1877 erfolgte im Beisein von Kaiser Wilhelm I. die Grundsteinlegung des Denkmals im Niederwald. Die feierliche Enthüllung und Einweihung erfolgte 1883 in Anwesenheit des Kaisers und vieler Ehrengäste. Das Denkmal schuf der Dresdner Bildhauer Johannes Schilling, seine Tochter Clara stand für die Germania Modell. Diese Figur ist 12,38 Meter hoch, die Gesamthöhe des Denkmals beträgt 38,18 Meter.

DIE ADLERWARTE

erstreckt sich hinter dem Niederwalddenkmal. Die Warte mit ihren 16 verschiedenen Arten von Greifvögeln dient als Zucht-, Aufzucht- und Pflegestation. Die Adlerwarte ist geöffnet von Karfreitag bis Ende Oktober außer montags und bei Regen täglich von 11 bis 13 Uhr und von 14 bis 16 Uhr. Das Flugtraining kann nachmittags beobachtet werden. www.adlerwarte-niederwald.de

DER GOETHETEMPEL

oder Niederwaldtempel steht nahe der Bergstation der Seilbahn. Goethe schreibt begeistert: „Hier blickt man von neuem rheinaufwärts, und findet Anlass alles zu summieren was man diese Tage her gesehen und wieder gesehen hat." Dieser Tempel ist der östlichste Punkt des Landschaftsparks Niederwald, dessen Anlage vor 250 Jahren begonnen wurde. Niederwald deshalb, weil der Wald nur eine geringe Wuchshöhe erreichte.

Vom Goethetempel und vom Niederwalddenkmal erreicht man bequem auf breiten Waldwegen das Jagdschloss Niederwald. Auf diesem Weg, ein Teil des Rheinsteigs, finden die Spaziergänger und Wanderer zahlreiche Aussichtspunkte wie den Binger Blick, den Hunsrückblick, den Naheblick. Sehenswert sind die Rossel, die Zauberhöhle und am Ende des Wegs das Jagdschloss Niederwald.

DIE ROSSEL

ist eine künstliche Ruine. Sie wurde 1774 durch den Grafen Ostein auf der höchsten Erhebung des Niederwalds errichtet. Von hier oben genießen die Besucher einen atemberaubenden Blick auf den Rhein, die Nahemündung und das Binger Loch. Von dem befestigten Aussichtpunkt Rittersaal mit Blick auf Trechtlingshausen und auf die gegenüberliegende Burg Reichenstein sind nur noch die Grundmauern zu sehen.

DIE BURGRUINE EHRENFELS

liegt malerisch in den Weinbergen zwischen Rüdesheim und Assmannshausen. Der Mainzer Erzbischof ließ sich 1220 hier ein stattliches Schloss erbauen. Er nutze das Schloss zur Erhebung von Wegezoll. Wegen strategisch guter Lage war Ehrenfels im Dreißigjährigen Krieg stark umkämpft, bis es schließlich 1689 niedergebrannt wurde.

DER MÄUSETURM

liegt mitten im Rhein zwischen Rüdesheim und Bingen. Er wurde im 13./14. Jahrhundert als Mautturm der Kurmainzer Zollburg Ehrenfels gebaut. Er ist nicht zu besichtigen, aber ein lohnendes Fotomotiv.

Eine schaurige Geschichte erzählt von dem habgierigen Bischof Hatto von Mainz, der vor der wütenden Bevölkerung auf den Turm floh und dort von Mäusen zernagt wurde.

ZAUBERHÖHLE UND ZAUBERHÜTTE

sind einen Abstecher wert. Die Höhle besteht aus einem ummauerten 60 Meter langen niedrigen Gang. Wer in die stockfinstere Höhle geht, nimmt am besten eine Taschenlampe mit. Der Gang, dessen Wände früher mit bunten, glitzernden Glassteinen verziert waren, mündet in der Zauberhütte.

DAS JAGDSCHLOSS NIEDERWALD

wurde im nördlichsten Teil des Parks 1764 von Johann Friedrich Karl Maximilian Amor Maria Graf von Ostein (1735 bis 1809) als Jagdschloss und Paradies für seine Gäste erbaut. Das Schloss wechselte mehrmals den Besitzer, bis es 1866 preußisch wurde. Das Schloss brannte 1926 nieder, wurde in geänderter Form als Ferienhotel wieder aufgebaut und 1960 modernisiert.

WER / WO / WAS

Jagdschloss Niederwald
Hotel Restaurant Café
Jagdschloss Niederwald 1
65385 Rüdesheim
Tel. 06722 71060

www.jagdschloss-niederwald.de

Die Sesselbahn fährt täglich von April bis Oktober.

www.seilbahn-assmannshausen.de

Das Jagdschloss ist auch ein bedeutender Ort der bundesdeutschen Verfassungsgeschichte. Ab 1948 kamen Konrad Adenauer und die elf westdeutschen Länderchefs dreimal im Grünen Salon des Jagdschlosses zusammen, um die Grundlagen für das deutsche Grundgesetz zu schaffen. Das Jagdschloss ist heute ein Hotel mit Restaurant und Ausflugscafé. Neben dem Jagdschloss befindet sich ein Wildpark, in dem ein echter weißer Hirsch und andere Tiere die Kinder und Fotografen anlocken. Hinter dem Jagdschloss schwebt eine Sesselbahn hinunter nach Assmannshausen. Man kann aber auch von Assmannshausen mit dem Sessellift zum Jagdschloss hinauffahren.

TIPP

Der Rhein in Flammen rund um das Binger Loch findet immer am ersten Sonnabend im Juli statt und ist eine besonders romantische Veranstaltung. Eine illuminierte Flotte von über 50 Schiffen zieht von Trechtlingshausen über zehn Kilometer vorbei an „brennenden" Burgen, Feuerfontänen und Sternenregen zu den Abschlussfeuerwerken in Rüdesheim und Bingen.

www.rhein-in-flammen.com.

ASSMANNSHAUSEN MIT AULHAUSEN

DIE KRONE UND HIMMLISCHER WEIN VOM HÖLLENBERG

Freunde guter deutscher Rotweine kennen Assmannshausen. Hier gedeihen auf wärmespeicherndem Schieferphylitt erstklassige Spätburgundertrauben. Der malerische Ort an einer der schönsten und engsten Stellen am Rhein verfügt über die größte zusammenhängende Spätburgunderfläche Deutschlands. Die Rotweintradition reicht bis zum Beginn des 12. Jahrhunderts zurück.

Assmannshausen ist ein beliebter Urlaubsort für Spaziergänger, Wanderer und Rotweingenießer, ein Stadtteil von Rüdesheim, zu erreichen über die Straße entlang des Stroms, die B42, mit dem Schiff oder der Bahn (Linie SE 10). Oder Sie wandern entlang des Panoramawegs von Rüdesheim (Parkplatz Drosselgasse) nach Assmannshausen, vorbei an der Burg Ehrenfels. Die Strecke ist rund sechs Kilometer lang. Folgen Sie einfach dem Hinweis „Assmannshausen". Sie können aber auch vom Niederwalddenkmal zum Jagdschloss Niederwald laufen (siehe Seite 114) und mit der Sesselbahn hinunter nach Assmannshausen schweben.

WER / WO / WAS
|||||||||||||||||||||||||||||||||||

**Tourist-Information
Rüdesheim Tourist AG**

Rheinstraße 29a
65385 Rüdesheim am Rhein
Tel. 06722 906150

www.ruedesheim.de

www.assmannshausen-am-rhein.de

ASSMANNSHAUSEN, DIE ROTWEINSTADT

Vermutlich waren es die Franken, die hier eine Siedlung gründeten. Aus einer Urkunde des Mainzer Erzbischofs Ruthard von 1108 geht hervor, dass es die Schenkung eines Weinbergs zwischen „Husen et Hasemanneshusen" (Assmannshausen) an das Benediktinerkloster Disiboden gab. Heute lebt Assmannshausen fast ausschließlich vom Weinanbau und vom Tourismus.

TIPP

Der Weinprobierstand auf der Rheinuferstraße ist vom 1. März bis 31. Urktober geöffnet – Montag bis Freitag ab 16 Uhr, Samstag ab 13 Uhr, Sonntag ab 11 Uhr.

Die Assmannhäuser Weinlagen sind bis zu 90 Prozent mit Spätburgunderreben bestockt. Die bekannteste Lage ist der Höllenberg. Der Name hat nichts mit der Hölle zu tun, sondern bedeutet Steilhang (altdeutsch: halda).

Die himmlischen Assmannshäuser Spätburgunderweine erhalten immer höchste Auszeichnungen. Von der Domäne Assmannshausen (Höllenbergstraße 10) kann man zu Fuß eine der steilsten Weinlagen des Rheingaus erkunden. Weine vom Höllenberg können in der Vinothek von Kloster Eberbach (siehe Seite 67) verkostet und erworben werden. Einmal im Jahr öffnen sich die Türen der fast 100 Jahre alten Weinkeller der Rotweindomäne in Assmannshausen anlässlich der Tage der Offenen Rotweinkeller (www.kloster-eberbach.de). Zum Programm gehören Weinproben im stimmungsvollen Holzfasskeller, Speisen aus der Alten Bauernschänke, Weinbergführungen, Kunstausstellungen und mehr.

DIE KRONE VON ASSMANNSHAUSEN

ist ein Hotel mit langer Tradition. Es begann 1541 mit einer kleinen Treidelstation, wo die Pferde gewechselt wurden, die die Schiffe stromaufwärts zogen, und einem kleinen Gasthaus. Heute sind Hotel und Restaurant Ziel vieler Gourmets und Genießer. In der Krone zu Assmannshausen Gast zu sein war und ist ein romantisches Erlebnis; das Hotel ist mit Eleganz und allem Komfort ausgestattet. Nehmen Sie Platz im Restaurant oder auf der wettergeschützten Terrasse mit Rheinblick. Dazu ein Gläschen Riesling oder Spätburgunder vom Weingut Krone (die Weine können verkostet und gekauft werden im Weingut Wegeler, Friedensstraße 9, 65375 Oestrich-Winkel, Montag bis Freitag von 8 bis 17 Uhr, Samstag von 11 bis 16 Uhr). Die klassische Küche und regionale Spezialitäten

WER / WO / WAS

Krone Assmannshausen
Rheinuferstraße 10
65385 Rüdesheim-
Assmannshausen
Tel. 06722 4030
www.hotel-krone.com

der Krone verwöhnen, der Weinkeller lässt keine Wünsche offen. Neben dem großen kulinarischen Veranstaltungsprogramm mit vielfältigen Weinvorstellungen ist die Krone auch ein Ort der Rheingauer Schlemmerwochen und des Rheingau Musik Festivals. Ferdinand Freiligrath (1810–1876), ein revolutionärer Dichter, Freund von Marx und Engels, weilte 1844 in der Krone. An ihn erinnert das kleine Ferdinand-Freiligrath-Museum in der Krone, das nach Vereinbarung besichtigt werden kann. Die folgenden Zeilen sind zu lesen in dem Gedichtband „Ein Glaubensbekenntnis":

Zu Assmannshausen in der Kron',
Wo mancher Durst'ge schon gezecht,
Da macht' ich gegen eine Kron'
Dies Büchlein für den Druck zurecht!
Ich schrieb es ab bei Rebenschein,
Weinlaub ums Haus und saft'ge Reiser;
Drum, wollt ihr rechte Täufer sein,
Tauft's: Vierundvierz'ger Assmannshäuser!

DER FREILIGRATH-WEG

ist gekennzeichnet mit dem Bild des Dichters. Der Weg für Wanderer und Nordic Walker führt durch die Weinberglagen Höllenberg, Hinterkirch und Frankenthal. Der Rundweg, der auch zur Domäne Assmannshausen geht, ist etwa fünf Kilometer lang.

Ferdinand-Freiligrath-Museum

WEINKELLER IM WEINBERG

ist eine wunderbare erfrischende Idee der Familie Altenkirch. Sie hat entlang des Rheinsteigs in Rüdesheim und Assmannshausen drei kleine Weinkeller eingerichtet. Und zwar am Rastplatz „Laadhütt" in der Aulhäuser Weinberglage Kaisersteinfels und an der Rotweinlaube inmitten der Weinberglage Höllenberg in Assmannshausen sowie am Historienweg am Rastplatz Ehrenfelsblick.

In den kleinen „Weinkellern" findet der Wanderer kühlen Wein, Wasser, Saft und Gläser. Das Geld wird einfach in die Kasse gelegt. Ein Personalausweis oder EU-Ausweis wird wegen des Jugendschutzgesetzes benötigt; ein Kartenlesegerät ist vorhanden. Die kleinen Weinkeller werden immer wieder aufgefüllt. Die Familie Altenkirch besitzt ein Weingut in der Schlossstraße 5, Rüdesheim-Aulhausen, und den Gutsausschank Zur Linde, Hauptstraße 45, Rüdesheim-Aulhausen.
www.gutsausschank-zur-linde.de

DIE ALTE BAUERNSCHÄNKE

ist ein prachtvoller Fachwerkbau von 1408, heute Hotel und Gasthaus. Riesling- und Spätburgunderweine stammen vom eigenen Weingut, die Speisekarte bietet Regionales. Das historische Haus verfügt außerdem über eine hübsche Terrasse. Berg's Alte Bauernschänke, Niederwaldstraße 23, 65385 Rüdesheim-Assmannshausen, www.altebauernschaenke.de

AULHAUSEN

Dieser Ort gehört zu Assmannshausen und liegt oben in den Bergen. Von Rüdesheim zeigen Wegweiser nach Aulhausen, das nach ungefähr drei Kilometern erreicht ist. Von Assmannshausen führt die Höllenbergstraße nach Aulhausen.

DER EBENTALER HOF

liegt jenseits der Weinberge und ist ein Ponyhof und Helikopter-Start- und Landeplatz. Das große Hofgut, zum Teil mit schmuckem Fachwerk, liegt inmitten von Wiesen und Wäldern. Es ist ein Freizeitparadies für Stadtkinder und Erwachsene. Auf der Koppel tummeln sich viele Ponys und freuen sich darauf, Kutschen zu ziehen, in denen frohgemute Menschen den Ausblick auf die Rheinhöhen genießen, dafür stehen auch Planwagen zur Verfügung. Reiter erleben auf dem zwei Kilometer langen Rundweg auf dem Rücken der Pferde das Glück dieser Erde. Darüber hinaus gibt es allerlei Schmusekatzen, stolze Hähne und gackernde Hühner und hoppelnde Hasen sowie Schafe und Ziegen. Zudem können landwirtschaftliche Maschinen und Oldtimer-Traktoren bestaunt werden.

ASSMANNSHAUSEN

Die Bäuerliche Gaststube lädt ein, Speis und Trank zu genießen. Wer länger hier weilt, wohnt in rustikalen Gastzimmern oder benutzt Zelt oder Wohnwagen auf der Naturcampingwiese.

HELI-RUNDFLÜGE

sind ein ganz besonderes Erlebnis, um den Rhein und den Rheingau aus der Luft zu betrachten. Neben dem stattlichen Anwesen des Ebentaler Hofs liegt der Start- und Landeplatz für den Helikopter, mit dem die Rüdesheimer Rundflüge unternommen werden. Erfahrene Berufspiloten gehen von Mai bis Oktober mit ihren Gästen über dem UNESCO-Welterbe Oberes Mittelrheintal in die Luft.

WER / WO / WAS

Ebentaler Hof
Ponyland & Helikopterflüge
Auf dem Ebental 1
65385 Rüdesheim-Aulhausen
Tel. 06722 2518
www.ebental.de

LORCH MIT LORCHHAUSEN
TRAUBENMADONNA UND FREISTAAT FLASCHENHALS

Der Ort zieht sich am Rhein entlang und schwenkt dann gen Norden ins Wispertal hoch. Hier lebt die berühmte Wisperforelle, weshalb Feinschmecker ins Wispertal fahren – aber auch zum Wandern. Der nächste Ort nach Lorch ist Lorchhausen. Hier endet der Rheingau. Die B42 führt hierher, Schiffe und Bahnen halten für die Gäste.

LORCH AM RHEIN

Grabfunde weisen auf eine frühere Besiedlung durch Römer, Alemannen und Franken hin. Die erste urkundliche Erwähnung stammt von 1085. Die Stadt gehört zu den ältesten Weinbaugemeinden im Rheingau. Durch die günstige Lage am

Rhein und an der Wispermündung erblühte die Wirtschaft. Das machte Lorch zum begehrten Wohnsitz von Adel und Geistlichkeit, deren Reichtum Lorch zahlreiche Kunstschätze verdankt, wie die Traubenmadonna und die Ausstattung der Pfarrkirche St. Martin. Ein wichtiges Gewerbe führten die Tuchweber und Färber aus. Hier gedieh und gedeiht immer noch zwischen den Weinbergen der gelbblühende Färberwaid, eine Pflanze, mit deren Hilfe blauer Farbstoff hergestellt werden kann. Lorch war von 1919 bis 1923 Verwaltungssitz des historischen Freistaats Flaschenhals. Von Lorch führen viele gekennzeichnete Wanderwege in die Weinberge. Der Wehrturm Nollig, um 1300 erbaut, thront über Lorch. Der Turm kann nur zu Fuß über den Rheinsteig oder den Rheinburgenweg erreicht werden, er befindet sich jedoch in Privatbesitz und kann nicht besichtigt werden.

DER STRUNK

in der Rheinstraße steht trutzig an der Wispermündung in den Rhein. Es handelt sich um einen 1567 erbauten Festungsturm, der der Verteidigung des Lorcher Hafens diente und auch mal als Gefängnis benutzt wurde.

DAS HILCHENHAUS

ließ 1546/48 der kaiserliche Feldmarschall Johann Hilchen von Lorch errichten. Dieser bedeutendste dreigeschossige Renaissancebau im Mittelrheintal war einst Sitz des Lorcher Adelsgeschlechts von Hilchen. Das Grabmal von Johann Hilchen befindet sich in der Lorcher Pfarrkirche St. Martin. Das imposante Gebäude (Rheinstraße 48) wechselte mehrfach während der Jahrhunderte den Besitzer. Heute dient es den Vereinen und ihren Veranstaltungen. Das Hilchenfest, das traditionellen Weinfest, findet am historischen Hilchenhaus statt. www.hilchenhaus.de

DIE PFARRKIRCHE ST. MARTIN

ist schon von Weitem zu sehen. Sie wurde auf den Überresten einer teils erhaltenen spätromanischen Basilika im 14. Jahrhundert errichtet. Die Ausstattung der Kirche ist sehenswert. Der Hochaltar von 1483 weist eine Höhe von fast 14 Metern auf bei einer Breite mit geöffneten Flügeln von über 7,20 Metern.

Das wertvollste Kunstwerk ist der größte erhaltene monochrome Schnitzalter der Vor-Riemenschneider-Zeit. Über der fast lebensgroßen Muttergottes ist der hl. Martin bei der Mantelteilung mit einem Bettler zu sehen. Zu den Schätzen gehört auch das aufwendig geschnitzte Chorgestühl aus dem Ende des 13. Jahrhunderts. Die Orgel stammt von 1880 von der Firma August Ratzmann & Söhne, neu gebaut unter der Verwendung der Originalregister 1984 von der Firma Fischer und Krämer. Kurios ist das Riesling-Register: bei Betätigung ertönt Vogelgezwitscher und es öffnet sich ein verborgenes Weinschränkchen. Öffnungszeiten der Kirche von Ostern bis Ende Oktober, Samstag von 14 bis 17 Uhr, Sonntag und Feiertag von 11 bis 17 Uhr.

DIE TRAUBENMADONNA

ist die Schutzheilige des Rheingaus und auch der Schröter, die früher die schweren Weinfässer transportierten und verluden. Traubenmadonnen als Bildhauerarbeiten sind zum Beispiel in den Kirchen von Hallgarten und Rauenthal zu entdecken. Besondere Bedeutung erhalten die Traubenmadonnen dadurch, dass für die katholischen und lutherischen Christen der Wein beim Abendmahl durch die Verwandlung zum Blut Christi wird.

Die schönste aller Traubenmadonnen ist in Lorch im Robert-Struppmann-Museum, benannt nach dem Lehrer, Heimatforscher und Schriftsteller, zu bewundern. Die Madonna, ein Schnitzwerk aus der Zeit um 1350, hält in der rechten Hand die Traube. Eine Kopie aus dem 19. Jahrhundert, bunter als das Original, thront daneben.

WER / WO / WAS

Robert-Struppmann-Museum

Am Markt 5
65391 Lorch am Rhein

Öffnungszeiten
Montag bis Freitag 9 bis 13 Uhr, 14 bis 16 Uhr,
vom 1. April bis 31. Oktober auch Samstag und Sonntag 14 bis 17 Uhr

Das Museum mit der Traubenmadonna zeigt überwiegend sakrale mittelalterliche Skulpturen um 1400 und ist in einem Anbau an das prächtige Fachwerkrathaus am Markt zu besichtigen. Das Rathaus wurde erstmals 1235 erwähnt.

DAS WEINGUT FRIEDRICH ALTENKIRCH

liegt in der Nähe des Rheinsteigs. Die Weine aus den Steillagen erwarten die Gäste im historischen Weingutsgebäude. So können Wanderer und Spaziergänger eine Pause einlegen und bei schönem Wetter draußen auf der herrlichen Terrasse kühlen Wein und frisch zubereitete Wisperforelle oder Wild aus den nahen Wäldern genießen. Das Weingut Altenkirch wurde 1826 in Lorch gegründet. Als der deutsche Kaiser Wilhelm II. im renommierten Hotel Zum Schwanen abstieg, um Rheinsalm zu genießen, war er von den Altenkirch-Weinen begeistert. Das Weingut wurde Hoflieferant. Der Weinausbau erfolgt heute in den drei historischen Gewölbekellern, die bis zu hundert Meter tief in den Felsen geschlagen wurden.

WER / WO / WAS

Weingut Friedrich Altenkirch

Binger Weg 2
65391 Lorch am Rhein
Tel. 06726 830012

www.weingut-altenkirch.de

Gutsausschank
Anfang April bis November
Freitag und Samstag ab 17 Uhr,
Sonntag ab 12 Uhr

Vinothek
Montag bis Freitag 9 bis 16 Uhr
sowie während der Öffnungszeiten
des Gutausschanks

DAS WISPERTAL

lädt zum Wandern und Genießen ein. Hier in dem wildromantischen Tal gibt es einige Burgen und Ruinen wie die Ruine der Kammerburg beim Ausflugslokal gleichen Namens. Das Restaurant und Café (www.kammerburg.de) liegt direkt am Wanderweg Rheingauer Gebück. Neben einem großen Biergarten gibt es einen schönen Kinderspielplatz.

Burg Rheinberg aus dem 12. Jahrhundert ist eine der ältesten Burgen im Wispertal. Heute ist sie eine Ruine, die sich in Privatbesitz befindet. Der Weg hinauf ist beschwerlich, aber lohnenswert.

Die Ruine Lauksburg kann wegen Einsturzgefahr nicht besucht werden, aber das Ausflugslokal Laukenmühle (www.laukenmuehle.de) in der Nähe. Die Laukenmühle ist bereits seit über 400 Jahren im Besitz der Familie Schifferstein. Die Ruine Haneck über Geroldstein befindet sich in Privatbesitz und kann nur von außen besichtigt werden.

TIPP

Im Wispertal gibt es zwei Forellenhöfe, die die hervorragenden Wisperforellen in ihren Teichen heranziehen. Sie gehören der Familie Seitz, die die Forellen frisch und geräuchert täglich außer montags verkauft.

www.wisperforelle.de

LORCHHAUSEN

Der rheinabwärts gelegene Stadtteil von Lorch ist wie Flörsheim-Wicker ein Tor zum Rheingau. Hier endet unsere Rheingau-Tour, oder sie kann hier beginnen.

Bereits 1211 wurde Lorchhausen urkundlich in einem Güterverzeichnis von Kloster Eberbach erwähnt. Der freiwillige Zusammenschluss mit Lorch geschah 1971. In den Weinbergen der traditionsreichen Weinbaugemeinde gedeihen Riesling- und Spätburgundertrauben. Schöne Wanderwege führen durch die Weinberge und beeindrucken durch herrliche Ausblicke über das Rheintal. Sehenswert ist das Naturschutzgebiet Engweger Kopf mit seltener Flora und Fauna sowie der Turm der alten Kirche aus  dem 16. Jahrhundert, einst Teil der damaligen Ortsbefestigung. Die alte Kirche brannte nieder, und es wurde über Lorchhausen auf dem Bischofsberg die Kirche St. Bonifatius im neugotischen Stil errichtet. Empfehlenswert ist der Kalvarienberg mit seinen Kreuzwegstationen aus dem Jahr 1870, am Ende des Wegs steht seit 1909 die Clemenskapelle.

DER FREISTAAT FLASCHENHALS

Dieser Staat ist ein Kuriosum aus der Zeit nach dem Ersten Weltkrieg. Die Alliierten errichteten Besatzungszonen mit halbkreisförmigen Brückenköpfen von Köln, Koblenz und Mainz. Und dann geschah etwas nicht Vorhersehbares: Die Halbkreise von Koblenz und Mainz ließen ein Gebiet zwischen Lorch und Kaub frei, das keinem der Alliierten gehörte. Dieses Gebiet sah auf der Landkarte wie ein Flaschenhals aus. Dieser Freistaat Flaschenhals existierte von 1919 bis 1923.

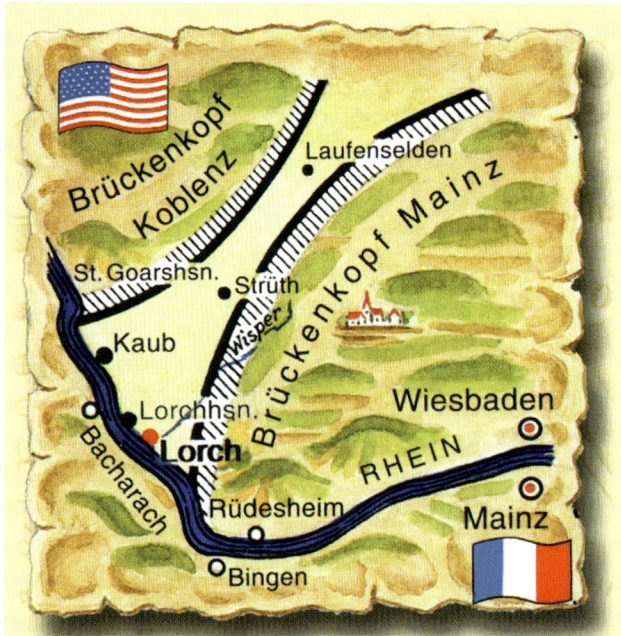

Das Leben war nicht einfach im Freistaat, es gab keine Straßen- und Bahnverbindung, alles Notwendige musste meist geschmuggelt werden. Es gab sogar eigenes Geld.

Anlässlich des 75. Jahrestages schlossen sich 1994 Winzer und Gastronomen zur Freistaat Flaschenhals Initiative (FFI) zusammen. Nur die herausragenden Weine aus dem Freistaat Flaschenhals dürfen nach einer eingehenden Prüfung das Flaschenhals-Etikett tragen. Die FFI-Prämienweine können bei den Mitgliedsbetrieben oder bei der Freistaatweinmesse verkostet werden.

Da zum Wein auch gutes Essen gehört, wurde ein Flaschenhals-Menü entwickelt: Jeder Gang wird in einem anderen FFI-Restaurant eingenommen. Wenn Sie Mitbürger im Freistaat werden wollen, können Sie einen „Reisepass" beantragen.

Der gewährt dem Besitzer viele Vergünstigungen auf dem FFI-Territorium.

www.freistaat-flaschenhals.de

DER NATURPARK CAMPING SULEIKA

liegt im Freistaat Flaschenhals in reizvoller Landschaft inmitten von Wäldern und Weinbergen. Hier ist Platz für Zelte und Wohnwagen, Hütten können gemietet werden. Der romantisch gelegene Campingplatz verfügt über moderne Einrichtungen, es gibt einen schönen Kinderspielplatz, ein gemütliches Weinhaus direkt am Rheingauer Rieslingpfad und dem Rheinsteig. Hier wird regionaltypische Küche aufgetischt, dazu gibt es Spätburgunder und Riesling vom eigenen Weinberg (Mitgliedsbetrieb der Freistaat Flaschenhals Initiative). Von der Aussichtsterrasse hat man einen schönen Blick aufs Rheintal, besonders schön natürlich beim Großfeuerwerk am Rhein in Flammen.

WER / WO / WAS

Naturpark Camping Suleika
Im Bodenthal 2
65391 Lorch am Rhein
www.suleika-camping.de
Betriebszeit
15. März bis 31. Oktober

FESTE FEIERN IM RHEINGAU
VERANSTALTUNGSKALENDER

Im Rheingau wird gern und traditionsreich gefeiert. Menschen aus aller Welt kommen hierher.
An dieser Stelle können wir nicht jedes örtliche Wein- und Winzerfest und nicht jede Kerb und nicht jeden Weihnachtsmarkt aufführen, die in fast jedem Ort stattfinden. Programm- und Terminänderungen können nicht ausgeschlossen werden.

Kronenschlösschen in Eltville-Hattenheim statt. Nach der Welcome-Party in Kloster Eberbach verwöhnen mittags und abends internationale Drei-Sterne-Köche die Gäste. Dazu werden Weine von den besten Winzern der Welt kredenzt. Es finden während des Festivals rund 50 Veranstaltungen statt.
www.kronenschloesschen.de
www.rheingau-gourmet-festival.de
Reservierungen sind ab November des Vorjahres möglich

FERBRUAR/MÄRZ

DAS RHEINGAU GOURMET & WEIN FESTIVAL
beginnt an einem Donnerstag und endet an einem Mittwoch (14 Tage, Ende Februar/Anfang März). Diese hochkarätige kulinarische Veranstaltung findet überwiegend im Restaurant des Hotels

MÄRZ/APRIL

DER INTERNATIONALE RHEINGAUER OSTEREIERMARKT
findet jedes Jahr an einem Wochenende vor Ostern im Dormitorium im altehrwürdigen Kloster Eberbach statt. An diesem anspruchsvollen Ostereiermarkt nehmen rund 80 Künstler aus über zehn Nationen teil und zeigen, was sie aus und

VERANSTALTUNGSKALENDER

mit Ostereiern gestalten. Für Kinder gibt es eine Kindermalstube. Besichtigung und geführte Besichtigung des Klosters sind möglich.

www.rheingaumaerkte.de

APRIL/MAI

RHEINGAUER SCHLEMMERWOCHEN

sind etwas Besonderes für all jene, die gerne Wein trinken und neugierig sind, wie der neue Jahrgang wohl schmeckt. Während dieser Zeit (elf Tage Ende April/Anfang Mai) öffnen die Winzer zwischen Flörsheim und Lorch ihre Keller und Höfe, aber auch Gasthäuser, Gutsschänken, Restaurants und Straußwirtschaften präsentieren ihre Köstlichkeiten. Dazu finden verschiedene Veranstaltungen statt.

www.rheingau.de

INTERNATIONALE MAIFESTSPIELE

mit Oper, Tanz und Schauspiel finden im Mai vier Wochen in Wiesbaden statt. Theater-Highlights aus aller Welt werden vom Hessischen Staatstheater präsentiert. Dirigenten, Sänger, Tänzer und Schauspieler von Weltrang aus mehr als zehn Ländern treten auf.

www.staatstheater-wiesbaden.de

Schiller vor dem Staatstheater

ASSMANNSHAUSEN IN ROT

heißt das Rotweinfest, das an einem Wochenende im Mai oder Juni in Assmannshausen stattfindet. Bekannt für seine hervorragenden Rotweine präsentiert sich an diesem Wochenende Assmannshausen ganz in Rot – rote Illumination, roter Wein und rote Speisen. Den

Abschluss bildet ein furioses Feuerwerk.
www.ruedesheim.de
www.rotwein-fest.de

MAI/JUNI

DAS INTERNATIONALE PFINGSTTURNIER

auf dem Turnierplatz im Schlosspark zu Wiesbaden-Biebrich findet an jedem Pfingstwochenende vor der malerischen Kulisse des Schlosses statt. Es beginnt mit der Pferdenacht, einer eindrucksvollen Show und Pferde-Gala. Etwa 160 Reiter aus 25 Nationen zeigen ihr Können in Dressur, Springen, Voltigieren und Vielseitigkeit.
www.wrfc.de
www.pfingsturnier.org

DIE ELTVILLER ROSENTAGE

locken am ersten Juni-Wochenende Rosenfreunde von fern und nah, um rund 22.000 Rosenstöcke in 350 Sorten zu bewundern. Die ganze Stadt verwandelt sich in ein herrliches Blütenmeer aus leuchtenden Farben und betörenden Düften. Rund um die Rosentage findet ein buntes Festprogramm statt, dazu gehören Rosencocktails, Rosengelee und natürlich das leckere Eltviller Rosentörtchen.
www.rheingau.de
www.eltville-aktiv.de

THEATRIUM

nennt sich der Straßenfestklassiker auf der Wiesbadener Wilhelmstraße, auf dem Bowling Green vor dem Kurhaus, am Warmen Damm und in der Burgstraße. Termin ist Anfang Juni. Es ist Deutschlands größtes Straßenfest mit Musik, Show und kulinarischen Genüssen, mit Gauklern, Komödianten und Straßenmusikanten.
www.wiesbaden.de

VERANSTALTUNGSKALENDER

67 Kilometer lang. Ein großes Programm für die ganze Familie wird geboten.

www.rheingau.de

HILCHENFEST

ist das Lorcher Weinfest an drei Tagen am dritten Wochenende im Juni rund um den Markplatz, vor der Kirche und auf dem Museumsplatz. Höhepunkt ist der Einzug der Weinköniginnen und Weinprinzessinnen.

www.stadt-lorch-rheingau.de

TAL TOTAL

bedeutet: autofrei für Radler und Skater von Bingen und Rüdesheim bis Koblenz am letzten Sonntag im Juni rechts und links des Rheins zwischen 10 und 18 Uhr auf der B9 und B42. Die Strecke ist rund

Rheingau Musik Festival (Text nächste Seite)

JUNI BIS AUGUST

DAS KIEDRICHER RIESLINGSFEST

findet mal an einem Wochenende zu Pfingsten, mal im Juni und mal im September auf dem historischen Marktplatz statt. Alle zwei Jahre sind als Ehrengäste die Paare geladen, die in den Jahren zuvor in Kiedrich geheiratet haben und dadurch Besitzer eines Weinstocks im Weinberg der Ehe geworden sind.
www.kiedrich.de

JUNI BIS SEPTEMBER

DAS RHEINGAU MUSIK FESTIVAL

zählt zu den größten Musikfestivals in Europa. Es findet im gesamten Rheingau zwischen Ende Juni bis Mitte September statt. Es gibt rund 170 Konzerte an etwa 50 Spielstätten. Diese sind beispielsweise das Kloster Eberbach, Schloss Johannisberg, die Abtei Eibingen, Weingut Baron zu Knyphausen, Alte Oper Frankfurt, Schloss Vollrads, Weingüter und Kirchen, das Parkhotel in Schlangenbad, das Kurhaus in Wiesbaden.
www.rheingau-musik-festival.de

JULI

SCHIERSTEINER HAFENFEST

freut sich auf seine großen und kleinen Gäste. Vier Tage im Juli (Freitag bis Montag) dauert das Fest rund um den Schiersteiner Hafen in Wiesbaden mit einem Vergnügungspark und einem Flohmarkt. Auf der Wasserbühne finden Musikveranstaltungen statt. Auch im Programm: Gottesdienst, Kinderprogramm, Frühschoppen und zum Abschluss ein buntes Feuerwerk.
www.wiesbaden.de
www.rheingau.de

Schloss Vollrads

DAS LINDENFEST

in Geisenheim gilt als eines der ältesten Volksfeste im Rheingau.
Es findet am dritten Wochenende im Juli von Freitag bis Montag auf dem Dom- und Lindenplatz statt.
www.geisenheim.de
www.lindenfest-geisenheim.de

Dern'sches Gelände, Wiesbaden

DAS BURG- UND WINZERFEST

findet am letzten Wochenende im August in der Hattenheimer Burg statt. Im Juni findet hier die Straußwirtschaft statt und im September das Kartoffelfest.
www.hattenheim.de

AUGUST

DIE RHEINGAUER WEINWOCHE

auf dem Schlossplatz, vor der Marktkirche und auf dem Dern'schen Gelände findet im August zehn Tage von Freitag bis Sonntag in Wiesbaden mit Musik und Veranstaltungen statt. Rund 120 Stände bieten süffige Rheingauweine, prickelnde Sekte und kulinarische Leckereien an.
www.wiesbaden.de
www.rheingau.de

SEPTEMBER

WEINLESE
heißt das Rheingauer Literatur Festival von Mitte bis Ende September im Anschluss an das Rheingau Musik Festival. Renommierte Autoren lesen aus eigenen Werken oder rezitieren Gedichte und Geschichten anderer Literaten. Höhepunkt dieser Veranstaltung ist die Verleihung des Rheingau Literatur Preises.
www.rheingau-musik-festival.de

NOVEMBER

GLORREICHE RHEINGAU TAGE
feiern das Ende der Weinlese, der erfolgreichen Ernte, sieben Tage Ende Oktober/Anfang November. Die Rheingauer VDP-Weingüter und Top-Gastronomen bieten ihren Gästen das Beste aus Küche und Keller an. Dazu gibt es ein kulturelles Programm. Bei den Rheingau Open stellen alle VDP-Weingüter ihre Weine vor, ebenso die „Rubinrote Symphonie" in Breuers Kellerwelt in Rüdesheim.
www.rheingau.de
www.vdp-rheingau.de

DEZEMBER

DER RÜDESHEIMER WEIHNACHTSMARKT DER NATIONEN
ist ein besonderer Weihnachtsmarkt – vier Wochen in der Adventszeit. Rund 120 weihnachtlich geschmückte Stände aus zwölf Nationen bieten ihre Spezialitäten und Bräuche der Heimat an. Da zeigen Glasbläser, Kerzenmacher, Zinngießer, Porzellanmaler, Laternenbauer, Brandmaler und Puppenmacher ihr Handwerk. Mittelpunkt des Marktplatzes ist die lebensgroße Krippe.
www.weihnachtsmarkt-der-nationen.de
www.rheingau.de